NOVA LIDERANÇA

CB018689

VALDIR**STEUERNAGEL** RICARDO**BARBOSA**
editores

NOVO DE LIDERANÇA

PARADIGMAS DE LIDERANÇA EM TEMPO DE CRISE

1ª Edição

Curitiba/PR
2017

editora
ESPERANÇA

Valdir Steuernagel e Ricardo Barbosa (eds.)

Nova liderança
Paradigmas de liderança em tempo de crise

Coordenação editorial: Cláudio Beckert Jr.
Revisão: Josiane Zanon Moreschi
Edição: Sandro Bier
Capa: Sandro Bier
Editoração eletrônica: Josiane Zanon Moreschi

Dados Internacionais de Catalogação na Publicação (CIP)

Nova liderança : paradigmas de liderança em tempo de crise / editado por Valdir Steuernagel, Ricardo Barbosa. - Curitiba, PR : Editora Esperança, 2017.

ISBN 978-85-7839-193-5

1. Liderança Cristã 2. Líder – Formação I. Título II. Steuernagel, Valdir III. Barbosa, Ricardo IV. Título

CDD–253

Salvo indicação diferente, os textos bíblicos citados foram extraídos da tradução Almeida Revista e Atualizada, Sociedade Bíblica do Brasil, 1988, 1993.

**Todos os direitos reservados pela Editora Esperança.
É proibida a reprodução total e parcial sem permissão escrita dos editores.**

Editora Evangélica Esperança
Rua Aviador Vicente Wolski, 353 - CEP 82510-420 - Curitiba - PR
Fone: (41) 3022-3390 - Fax: (41) 3256-3662
comercial@esperanca-editora.com.br - www.editoraesperanca.com.br

Sumário

Introdução...7

A liderança segundo o modelo de Jesus
Valdir R. Steuernagel...13

A formação de um líder é uma questão de vida
Ricardo Agreste da Silva...41

Peneirando líderes, formando pastores
Ricardo Barbosa de Sousa..59

Diaconia da liderança
Carlos Queiroz..89

Seguir o modelo de Jesus na liderança transcultural
Antonia Leonora van der Meer.......................................115

A liderança cristã e a tendência narcisista
James Houston..131

Dores e sofrimentos de homens e mulheres de Deus
Marisa Drews..145

A busca por um estilo de liderança
Avaliando a própria trajetória
Lyndon de Araújo Santos...161

E a família do líder, como fica?
Carlos "Catito" Grzybowski e Dagmar Fuchs Grzybowski...................171

Sobre os autores..185

Introdução

QUAIS SÃO, HOJE, OS MODELOS QUE INSPIRAM as novas lideranças cristãs? Quais são as fontes que nutrem o espírito daqueles que, de uma maneira ou outra, conduzem, dirigem e alimentam a Igreja de Jesus Cristo? Temos conseguido compreender a complexidade do mundo e das pessoas a quem servimos? Qual a força do mercado e das estruturas seculares na formação dos líderes cristãos, em suas diferentes expressões, hoje? São estas algumas das perguntas que nos levaram a organizar este livro e a republicá-lo, atualizado e com conteúdo ampliado.

Temos vivido uma das maiores mudanças na história da civilização. As transformações que a humanidade experimentou quando deixou a Idade Média e entrou para a Era Moderna foram enormes. A diferença é que essa mudança levou praticamente dois séculos para acontecer. A nossa geração, no entanto, tem testemunhado mudanças substanciais nos últimos cinquenta anos. Hoje a busca de novos paradigmas é grande e a falta de referenciais cresce na medida em que precisamos, com grande urgência, responder às demandas e desafios que temos diante de nós. Durante alguns séculos a estrutura das igrejas permaneceu praticamente a mesma, e o ofício pastoral também, para falar apenas dele. Porém, nas últimas décadas tudo isso vem mudando rapidamente. Se em um passado não tão distante, ser pastor era mais claramente definido, hoje a identidade pastoral é confusa e quase sempre traz consigo sentimentos de culpa e inadequação.

O que aconteceu com o povo de Deus no Antigo Testamento, também acontece com a Igreja no século 21. No passado eles pediram ao profeta um rei. Queriam ser governados como as outras nações. O que estava em jogo não era simplesmente um novo modelo de governo, mas a negação do modelo divino. Ao escolher ser como as outras nações, rejeitaram seu papel profético e sua vocação na história da salvação. Não estaria a liderança cristã hoje muito mais identificada com os modelos culturais do que com o modelo revelado na vida e ministério de Jesus?

Uma das imagens que Jesus usou para descrever a identidade cristã em todas as épocas é o sal e a luz. Jaques Ellul, filósofo e sociólogo francês, em seu livro *Cristianismo Revolucionário*[1], reconhece que, além do sal e da luz, a identidade cristã requer mais uma imagem: "ovelha no meio de lobos". O "sal", segundo Ellul, é símbolo da aliança[2] que Deus fez por meio de Jesus Cristo. Ele afirma:

> É preciso que o cristão seja esse símbolo verdadeiramente, ou seja, que em sua vida e em suas palavras, ele faça aparecer essa aliança aos olhos dos homens. Sem isto, esta terra se sente privada de aliança, não sabe mais para onde vai, não tem nenhum conhecimento por si só, não tem mais nenhuma certeza quanto à sua preservação.

A "luz", de acordo com Ellul, é aquilo "que domina as trevas, o que separa a vida da morte, e o que dá o critério do bem". É também o que

---

1   ELLUL, Jacques. *Cristianismo Revolucionário*. (Brasília: Palavra, 2012): p. 13.

2   Aqui ele se refere a Levítico 2.13.

Introdução

"dá sentido à história, o que a orienta e explica". Por fim, somos enviados por Jesus como "ovelhas no meio de lobos" e isso implica que o jeito de Jesus realizar sua missão no mundo envolve a consciência da fragilidade e fraqueza, bem como da tensão e dos perigos. Ellul diz que todo o cristão é uma ovelha

> não porque sua ação ou seu sacrifício tenha um caráter purificador para o mundo, mas porque no meio do mundo ele é o signo vivo, real, e sempre renovado, do sacrifício do cordeiro de Deus. No mundo, todo homem procura ser lobo, e ninguém é chamado a desempenhar o papel de ovelha. E, no entanto, o mundo não pode viver se esse testemunho vivo do sacrifício não for aí implicado.

Em uma disputa entre os discípulos de Jesus sobre qual deles parecia ser o maior, Jesus reagiu dizendo: *"Os reis dos povos dominam sobre eles, e os que exercem autoridade são chamados benfeitores. Mas vós não sois assim; pelo contrário, o maior entre vós seja como o menor; e aquele que dirige seja como o que serve"* (Lc 22.25s). Nesta resposta, Jesus mostrou aos seus apóstolos, os líderes da sua Igreja, que o modelo do mundo não deveria ser o modelo deles, muito pelo contrário. O Dr. Lloyd Jones disse que:

> A glória do Evangelho consiste [...] em que, quando a Igreja é absolutamente diferente do mundo, ela invariavelmente atrai as pessoas. É então que o mundo se sente inclinado a ouvir a sua mensagem, embora talvez no princípio a odeie"[3].

Os novos paradigmas de liderança são pragmáticos, funcionais e impessoais. Por isso, a identidade do pastor ou líder cristão hoje é confusa. Desempenhamos papéis que não correspondem àquilo que, de fato, somos interiormente. O que somos no púlpito não é o mesmo que somos em casa. Muitos líderes cristãos não suportariam participar de um retiro de três dias em solitude e silêncio, e encarar o vazio interior, quando estão longe de suas atividades e do seu público. Não sabemos o que significa ser simplesmente cristão sem que nossa

---

3   JONES, D. Martyn Lloyd. *Estudos no Sermão do Monte*. (São Paulo: Fiel, 1982): p. 32

identidade esteja, de alguma maneira, atrelada a uma atividade ou a uma função.

Na carta 25 das *Cartas de um Diabo a seu aprendiz*[4], C. S. Lewis levanta um problema altamente relevante aos propósitos deste livro. Ele mostra que uma maneira de o Diabo manter os cristãos inofensivos é criar neles um estado de espírito que envolve o "cristianismo e alguma outra coisa". A artimanha do Inimigo é substituir a fé em si por alguma outra coisa com um toque cristão. A expressão que ele usa, e que é relevante para nós, é o "horror da mesma coisa de sempre". O que o Diabo mestre diz ao seu aprendiz na arte da tentação é que

> ... o horror pela mesma coisa de sempre é uma das mais preciosas paixões que incutimos no coração humano – uma fonte infinita de heresias na religião, de conselhos estúpidos, de infidelidade conjugal e de inconstâncias nas amizades.

Sabemos, pelo menos teoricamente, que ser cristão envolve crer na singularidade e centralidade de Cristo, na autoridade das Escrituras Sagradas, na necessidade da conversão e da participação na comunhão cristã. Além disso, cremos na Igreja de Jesus Cristo e em sua missão no mundo de proclamar o Evangelho do Reino de Deus e da salvação em Cristo para toda criatura e em todo lugar. A identidade cristã é simples e clara, porém, a complexidade cultural da civilização ocidental tornou esta identidade igualmente complexa. Não basta ser "simplesmente cristão".

Por outro lado, a complexidade cultural requer dos cristãos não só a compreensão, mas também respostas honestas aos dilemas que o ser humano enfrenta. Ser "simplesmente cristão" não pode ser uma resposta simplista ao desafio de ser cristão hoje. O secularismo, o ceticismo e o narcisismo idolátrico de nossas sociedades, espera da Igreja e dos seus líderes, uma fé que seja pessoal e capaz de articular, em uma linguagem adequada, o testemunho de Cristo. Mais do

---

4   LEWIS, C. S. *Cartas de um Diabo a seu Aprendiz*. (São Paulo: Martins Fontes, 2005): p. 126.

que bons programas e o bom uso de recursos tecnológicos, os líderes cristãos, hoje, precisam viver de maneira coerente e consistente o Evangelho que pregam.

Porém, o que vemos crescer cada dia é um cenário bem diferente. O Evangelho foi transformado em um produto, a igreja em um grande mercado, a pessoa em um consumidor e o líder no gerente desse grande empreendimento. Sair desse turbilhão e reencontrar o coração da liderança cristã é nosso contínuo desafio.

Pastores vêm construindo uma identidade cada vez mais funcional. A comunidade não é o que mais importa, o que importa são os projetos, as metas, o potencial de cada um. A profundidade foi substituída pela superficialidade, a pessoalidade se perde no meio da grande massa. Às vezes parece que somos mais vaqueiros do que pastores: estamos mais de olho no número de cabeças do que no cuidado de um rebanho.

As consequências dessas profundas mudanças são trágicas e já começam a ser percebidas. Famílias desestruturadas, caráter corrompido, integridade pessoal ameaçada, superficialidade nos relacionamentos e no conhecimento, impessoalidade, imaturidade, frieza afetiva e narcisismo. Estas são apenas algumas das consequências que temos observado e que são apresentadas neste livro.

Certamente, não temos a pretensão de apresentar respostas a todas as perguntas e crises que temos vivido. Pretendemos estimular uma reflexão mais profunda sobre os desafios que temos pela frente, buscar novos paradigmas de liderança e procurar responder, com fidelidade a Deus, à geração que servimos.

É possível que os velhos modelos não apresentem as melhores respostas para hoje. Mas também é certo que os novos modelos não estão apresentando uma alternativa real. O tempo é de crise e requer um mergulho em águas mais profundas. Não podemos olhar somente para o que está à nossa volta, temos que olhar para o futuro; não podemos nos casar com o espírito da nossa época porque, como disse Malcolm Muggeridge, quando a época passar, ficaremos viúvos. Ao olharmos para frente, temos que nos ater a duas coisas: ao que Deus fez no passado e ao está fazendo no presente. Isso exige discernimento.

Este livro é uma proposta de agenda de discussão para refletirmos sobre os novos paradigmas da liderança no tempo em que vivemos. Isso implica conhecer o tempo e suas crises, bem como conhecer a natureza da igreja e do líder para essa igreja. Queremos olhar para ambos. Não espere encontrar neste livro fórmulas ou receitas. Não é este o seu propósito. Talvez ele vá levantar mais perguntas do que respostas. Se levarmos a sério as perguntas, os caminhos surgirão como expressão da graça divina.

Ricardo Barbosa de Sousa e

Valdir R. Steuernagel

A liderança segundo o modelo de Jesus

Valdir R. Steuernagel

Introdução

O EXERCÍCIO DE LIDERANÇA é algo simultaneamente simples e complexo. É simples porque acontece em diferentes níveis na cotidianidade da vida. Dentro de casa, acontece na relação entre pais e filhos; na escola, dá-se na relação entre professores e alunos; no trabalho, ocorre em todos os departamentos e setores; e na igreja acontece entre os membros e os líderes, ora escolhidos de maneira formal, ora exercendo liderança informal, nem por isso menos efetiva e positiva. Não se exerce a liderança, necessariamente, pelo cargo que se ocupa, mas também pelo carisma que contagia, pelo testemunho de vida que modela e, no caso da vivência da fé cristã, por uma espiritualidade que convida a uma saudável imitação que diz "eu também quero ser assim".

Essa liderança, que acontece todos os dias e em todos os níveis, carece de acompanhamento, incentivo e direção. O presente artigo parte do pressuposto de que, no encontro com o Evangelho de Jesus

Cristo, é exatamente isso que acontece. *Jesus é o modelo* na prática da liderança e nunca nos cansamos de aprender dele, desde que tenhamos clara a nossa decisão de segui-lo. Simples assim: siga Jesus e torne-se uma pessoa que lidera de maneira acolhedora, íntegra e contagiante em todos os níveis de seus relacionamentos. Assim como Jesus fazia.

O exercício da liderança, no entanto, é também complicado. Na exata medida em que aumenta a complexidade da nossa sociedade, isso se torna inevitável. O desarranjo de nosso tecido social passa a ser um fato corriqueiro; as respostas para a convivência humana se multiplicam inquietadoramente; as expressões da maldade humana assumem formas inimagináveis e penetram em todas as ramificações visíveis e invisíveis da vida; tornando o desafio da liderança um dos grandes desafios do nosso tempo. Não há, de fato, como fugir dessa realidade à qual todos estamos umbilicalmente vinculados por nossa própria humanidade. Devemos, pelo contrário, mergulhar nela e a ela responder a partir da perspectiva da nossa fé cristã. Assim, sempre que temos diante de nós o desafio e a oportunidade do exercício da liderança, nos diferentes universos da vida pública, comunitária e coletiva, cresce a nossa responsabilidade e aumenta a demanda de instrumentalizarmos tal liderança para o bem comum. É inegável, no entanto, que este exercício de liderança torna a nossa vida, a administração do nosso tempo, o cultivo de nossas relações e a nossa própria saúde espiritual, emocional e física um desafio contínuo e, muitas vezes, de ordem familiar.

Diante desse quadro cada vez mais emaranhado, multiplicam-se os cursos de liderança, pacotes de autoajuda e técnicas de sucesso, geralmente marcados pela promessa de rápido e excelente resultado. Vez por outra acabamos comprando tais promessas e pacotes e, então, constatamos que "a coisa não é bem assim". Pois a realidade é mais complexa do que o anúncio de rápido resultado; nossa resposta aos desafios diante de nós, mais relutante e ambígua do que pensávamos e os programas e cursos que adquirimos parecem responder a situações que estão longe da vida real. Parecem responder a um contexto lógico de perguntas lineares, quando a vida tem tantas e tão diferentes facetas, desafios e até oportunidades.

Diante do quadro da vida como ele é, o encontro com o Evangelho de Jesus Cristo e a sua própria pessoa, como refletida nos Evangelhos, nos apresenta um caminho que é fundamental, alvissareiro e consistente. Com Jesus aprendemos que a resposta aos desafios da cotidianidade da vida não é mágica, mas carece de uma simplicidade, consistência e integridade que são profundamente ansiadas. Portanto, diante dos desafios de nossa realidade, carecemos muito mais da simplicidade, beleza, integridade e relacionalidade do Evangelho de Jesus Cristo do que poderíamos imaginar. É isso que esta reflexão anseia vislumbrar.

Perfil de liderança

Dito de maneira bem simples, os nossos líderes evangélicos precisam voltar a se encontrar com o Evangelho de Jesus Cristo e a nossas igrejas precisam visualizar e experimentar uma liderança que tem a marca da simplicidade e do carisma de Jesus. Isso não quer dizer que o exercício da liderança, em nossas igrejas, aqui entendidas como as igrejas evangélicas, seja fácil. Pelo contrário, ela se tornou mais complexa, para usar a mesma expressão de antes, fazendo com que diferentes técnicas e modelos de exercício de liderança, com suas respectivas promessas de sucesso rápido e fácil, encontrassem nelas uma porta aberta e um sem-número de obreiros indo em busca de tais soluções e abraçando-as com assustadora avidez. Muitas e muitas vezes, no entanto, a resposta não veio e o que se colheu foi frustração e cansaço. Em outras vezes, as técnicas de liderança disponíveis no mercado foram "bem-sucedidas" mas deixaram a igreja com cara de empresa e a serviço do mercado religioso.

Como logo veremos, é preciso que tenhamos líderes à altura dos desafios do nosso tempo, na oração de que a própria igreja os veja nascer na exata altura destes desafios, e sempre na convicção de que essa liderança precisa ter a marca de Jesus. É esta marca que nos levará a avaliar as propostas existentes no mercado e, muito mais do que isso, exporá diante da sociedade um estilo de vida que anseia ser marcado e é orientado pelo próprio Jesus, como um testemunho daquilo que o Evangelho de Mateus já expressou de maneira central:

"... buscai, pois, em primeiro lugar, o seu reino e a sua justiça,
e todas estas coisas vos serão acrescentadas." (Mt 6.33)

O tempo de Deus no nosso tempo

O tempo no qual vivemos é dinâmico e cada geração precisa experimentar e vivenciar o seu tempo do seu jeito. Convém não esquecer que cada geração é filha do seu tempo, é marcada pelas características dos seus dias e precisa responder aos desafios e oportunidades de sua época, tanto no nível pessoal quanto coletivo. E isso deve ser feito de tal maneira que o passado seja reconhecido e integrado, o presente tenha sua própria dignidade afirmada e seus caminhos forjados, e o legado para a próxima geração esteja sendo construído.

Poderíamos dizer, até, que cada geração tem uma relação simultaneamente ambígua e dramática com o seu tempo. Ora nos percebemos como sendo parte de um grande e oportuno tempo histórico; ora nos vemos envoltos na saudade dos tempos passados e nos sentimos desafortunados por viver hoje. Acabamos, assim, tendo um sentimento ambíguo em relação ao tempo no qual vivemos, e esta ambiguidade movimenta-se entre a saudade, a oportunidade, o desafio e até um profundo cansaço.

Não vivemos dias fáceis. Não é fácil entender e viver o tempo em que vivemos. Alguns, de uma geração mais experimentada, reviram suas memórias tentando localizar no passado momentos e experiências que ofereçam algum parâmetro comparativo para os nossos dias, sem, de fato, conseguir comunicar-se com o pulsar vital e ansioso da geração emergente. Alguns, dessa geração que surge, olham para seus pais e rapidamente concluem que não querem "viver daquele jeito", ao mesmo tempo em que estão em busca de uma relação que seja consistente, um contorno socioeconômico que lhes dê dignidade, realização e uma esperança que traga vontade de viver e não simplesmente de "beber", para usar uma imagem ao mesmo tempo literal e figurada.

Não vivemos dias fáceis. Estes são dias nos quais a insegurança e o medo invadem todas as esquinas da vida, a violência se torna corriqueira e os princípios da verdade, da transparência e da justiça se encontram assustadoramente banalizados. Tempos em que as conversas sobre "ideologia de gênero" escancaram as afirmações do "masculino e do feminino" de ontem e colocam diante da sociedade tantas "possibilidades" de construção de relacionamento que as portas da vida parecem estar todas abertas, para logo se constatar que logo ali, depois dos seus umbrais, o solo fica perigosamente gelatinoso.

Não vivemos dias fáceis. Dias nos quais a crise econômica é associada a uma profunda anarquia política e uma vida de dignidade ética parece ter sido abandonada sem qualquer pudor ou quaisquer resquícios de vergonha pública. Dias nos quais doenças que pareciam ter sido extintas ontem ressurgem com nova força em função de contextos sociais em que a insalubridade, a pobreza e o abandono tomaram conta e a dignidade humana já não é um valor com o qual significativos setores de nossa sociedade se dispõem a conviver de maneira afirmativa. Dias nos quais as fronteiras voltaram a exibir altos muros e guerras e conflitos produzem vítimas incontáveis, tanto aquelas que são despejadas em covas rasas quanto as que vagueiam pelo mundo sem ao menos encontrar uma estrebaria onde reclinar a cabeça, para usar a expressão de um lugar onde o próprio Jesus encontrou seu primeiro leito.

Não vivemos dias fáceis. Dias nos quais os pobres são relegados a um segmento que não merece ser ouvido, enquanto os ricos e seu grande capital produzem processos de rearranjo da estrutura econômica, política e até jurídica para que seu lucro e seu poder sejam, não apenas assegurados, mas também aumentados. Ainda que este seja um assunto bastante complexo e que levanta a questão do "estatal" e do "privado", um caminho simples seria perguntar por que, neste nosso país, os juros baixam, em referência ao SELIC, enquanto os cartões de crédito continuam a cobrar um juro alto, indecente e absolutamente explorador por parte de uma indústria bancária que sempre ganha, mesmo que não seja produtora de nada.

Vivemos dias de tantas possibilidades e recursos combinados com dias de tanta carestia e destruição. Vivemos dias nos quais se sabe tanto a todo tempo, ao mesmo tempo em que a impotência e a indiferença passam a acompanhar os nossos dias. Henri Nouwen, em uma significativa expressão, diz que "por trás de todas as grandes realizações do nosso tempo há uma profunda correnteza de desespero". E continua:

> Enquanto a eficiência e o controle são as grandes aspirações da nossa sociedade, a solidão, o isolamento, a carência de amizade e intimidade, os relacionamentos arruinados, o tédio, a sensação de vazio e depressão, e uma profunda sensação de inutilidade enchem os corações de milhões de pessoas neste nosso mundo norteado pelo sucesso.[5]

---

5   NOUWEN, Henri J. M. *O Perfil do Líder Cristão no Século XXI* (Americana/SP: Worship Produções, 1989): p. 23.

É neste tempo que queremos olhar para a vida de Jesus e descobrir nele uma maneira de viver a vida e de exercer uma liderança que tenha a sua marca: a marca do amor ao outro e da construção de uma sociedade que seja mais verdadeira, mais justa e mais amorosa. Jesus aponta para uma maneira de viver e um caminho a seguir.

É impressionante como a figura de Jesus atravessa tempos e gerações. Faz dois mil anos e sempre podemos evocar e nos encontrarmos com a figura de Jesus, seja em lugares onde o próprio anúncio do Evangelho é restrito, seja em espaços como o nosso, onde o nome de Jesus é invocado e anunciado nas rádios, em programas de televisão, na mídia social e nos mais diferentes ambientes públicos e privados. Jesus é sempre uma figura que inspira as pessoas e as deixa com o desejo de saber mais sobre ele, conviver com ele e aprender dele. É, no mínimo, natural, portanto, que, quando se pensa em liderança, sempre se volte à figura de Jesus para descobrir nele maneiras e caminhos para modelar uma liderança que queiramos experimentar e anunciar.

Este caminho, entretanto, precisa ser trilhado com cuidado, pois Jesus não se presta a ser um "modelo profissional de liderança" que garanta o sucesso no mercado de autoajuda e promova o exercício fácil da liderança. Jesus não é um guru vendendo algo. Ele nos estende um convite muito mais profundo e radical. Convida-nos a segui-lo e, assim, descobrir um jeito de viver a vida e exercer uma liderança que tenha a sua marca.

Só entende a Jesus quem segue Jesus! E quem segue Jesus descobre uma maneira de viver que tem o caráter da transformação e a marca da restauração. Em outras palavras, tem a marca da salvação. Voltando a Henri Nouwen, vamos ouvi-lo dizendo que "é este o sentido mais profundo da história: um convite constante a voltarmos o coração para Deus e a descobrirmos o pleno significado da vida". Podemos entender um pouco mais ouvindo ao próprio Nouwen:

É este o autêntico desafio. Jesus não olha para os acontecimentos dos nossos dias apenas como uma série de incidentes e acidentes que pouco têm a ver conosco. Jesus olha para os eventos políticos, econômicos e sociais da nossa vida como sinais que apelam para uma interpretação espiritual. Precisamos lê-los espiritualmente![6]

Este olhar para a mão de Deus ativamente presente na história e sua "insistência" em prover experiências com ele e o ouvir de sua voz em nosso espaço e contexto, acabam dando sustentabilidade e esperança para o mundo no qual vivemos e os dias que experimentamos. E isso só se torna realidade ao seguir Jesus, em um caminho trilhado por aqueles que são chamados por Deus a exercer liderança em meio ao seu povo e a partir do seu povo, que é a igreja. A verdade é que nem sempre essa igreja exerce uma liderança e dá um testemunho que tenha a marca de Jesus.

A igreja e o desafio da liderança

Nestes nossos dias, voltando a usar uma expressão anterior, também o universo de nossas igrejas evangélicas se tornou complexo. Alguns, de uma geração mais vivida, viram essa igreja evangélica crescer, diversificar-se ministerialmente, ganhar enormes dimensões de influência, dividir-se assustadoramente e, ao fim, tornar-se muito parecida com o seu mundo circundante em sua maneira de atuar, influenciar e liderar. Se é fato que essa igreja se tornou uma marca em nossa sociedade e ocupou nela espaços impensados há poucas décadas, também é verdade que "o mundo", para usar uma típica expressão do linguajar evangélico, invadiu a igreja, ideologica e mercadologicamente falando. Hoje somos muito parecidos com o mundo, ainda que nossa linguagem seja diferente, as roupas sejam mais discretas e o gasto com bebida, menor. Nossa prática de

---

6   NOUWEN. *Mosaicos do Presente. Vida no Espírito.* (São Paulo: Paulinas, 1998): p. 51.

conquista, nossa agressividade relacional, nossos relacionamentos quebrados, nossa prática (ou falta de prática) de caridade e nosso senso de justiça tão fragmentado não são, em sua essência, diferentes dos da nossa coletividade maior. Por isso carecemos, tantc quanto os outros, desse encontro com Jesus. Jesus é a nossa esperança e com ele aprenderemos a exercer uma liderança que tenha o jeito dele no universo de nossas próprias comunidades de fé e para além delas, como um testemunho para a nossa comunidade humana.

Para tornar essa realidade mais vívida, podemos usar cores mais fortes ao descrever a caminhada de muitas das igrejas evangélicas e seus líderes, nas últimas décadas:

- Nunca as igrejas cresceram tanto, com seus templos aumentando de tamanho e seus estacionamentos ficando superlotados. Nunca tivemos tanto "sucesso"; e, finalmente, estamos exorcizando o "complexo de minoria".

- Nunca tivemos autores evangélicos vendendo tantos livros, dando tantos autógrafos e tirando tantas fotos.

- Nunca tivemos tantos cantores e cantoras, alguns deles sendo pastores, fazendo tanto sucesso no mercado gospel, reunindo multidões em suas apresentações, ganhando *"grammys"* e tendo programas de auditório e produtores de shows correndo atrás deles.

- Nunca tivemos tantos pastores políticos em exercício de mandato e fazendo questão de usar esse título como sua marca.

- Nunca tivemos tantos pastores "bem-sucedidos" passando suas igrejas, como "feudos familiares", para membros de suas famílias.

- Nunca tivemos tantas igrejas sendo cotidianamente registradas e com tanto movimento financeiro. Hoje agências bancárias podem ser instaladas em ambientes de igrejas, sem falar em cartões de crédito que correm entre os bancos em pleno culto.

- Nunca tivemos tanto poder de mobilização, como ocorre nas "Marchas para Jesus", nas quais multidões são colocadas nas ruas e vemos políticos (com ou sem mandato) buscando um lugar nos palcos.

- Nunca tivemos tantos pastores sendo publicamente reconhecidos, politicamente adulados e regiamente compensados, enquanto propriedades localizadas ao lado de templos são desvalorizadas e crédito é negado caso a profissão do solicitante seja "pastor".

- Nunca tivemos tantos pastores com seu próprio avião, casa em Miami e serviço de segurança contratado.

É, de fato, um contrassenso afirmar que os líderes cristãos precisam aprender e reaprender a seguir Jesus e, assim, ser agraciados com o dom da liderança, uma liderança que tenha a marca do serviço, como foi a de Jesus. Este tipo de liderança é urgente e necessário nessa nossa igreja de hoje.

Associado ao fator crescimento e à experiência da "adaptação cultural" por parte de muitas das igrejas evangélicas, como visto acima, é preciso destacar a eminente e crescente mudança no cenário evangélico brasileiro. Entre os vários estudiosos da área, o sociólogo Paul Freston tem destacado que o crescimento da igreja evangélica brasileira não acontecerá segundo os mesmos índices nas próximas décadas, até por um limitante sociológico, e precisará experimentar uma mudança no cenário de sua liderança. Ou seja, essa crescente igreja careceu e experimentou uma liderança fortemente pioneiro-evangelística em sua história; mas agora, e à medida que as igrejas se estabilizem e se solidifiquem, uma crescente liderança pastoral, que saiba alimentar e cuidar do "rebanho", será necessária. Dessa liderança dependerá o processo de estabilização testemunhal da igreja em nossa sociedade. Paul Freston diz assim:

"A Igreja Evangélica brasileira de 2030 ou 2040 precisará de líderes mais diversos nos seus dons, profundos no seu conhecimento e sabedoria e transparentes nas suas vidas" e isto consistirá na "vontade de sermos profundamente bíblicos em toda a nossa existência".[7]

O material que os Evangelhos nos oferecem, como um convite para mergulhar nessa conversão e nesse aprendizado, é enorme e fascinante. Este artigo abre apenas uma pequena fresta nessa enorme cortina.

A liderança seguindo Jesus

Há uma expressão clássica de Jesus em que ele diz *"não é assim entre vós"* (Mt 20.26), em um contexto no qual a conversa girava em torno do exercício do poder. Nessa conversa Jesus aponta para a liderança do serviço em contraposição ao exercício do poder do privilégio, do controle e da exploração. Jesus se coloca vivencialmente como modelo desta liderança através do serviço e é fonte de inspiração para todos os seus seguidores. Isso ficou fortemente claro quando Jesus lavou os pés dos seus discípulos na mesma noite em que seria preso e levado à cruz. Naquela ocasião ele disse:

> *"Ora, se eu, sendo o Senhor e o Mestre, vos lavei os pés, também vós deveis lavar os pés uns dos outros. Porque eu vos dei o exemplo, para que, como eu vos fiz, façais vós também. Em verdade, em verdade vos digo que o servo não é maior do que seu senhor, nem o enviado, maior do que aquele que o enviou. Ora, se sabeis estas coisas, bem-aventurados sois se as praticardes"* (Jo 13.14-17).

Praticar essa liderança do serviço, seguindo Jesus, é algo extremamente significativo, contracultural e difícil de vivenciar. É uma

---

7   Citado pela revista *Cristianismo Hoje* em um artigo da Redação (edição 48 – ago/set 2015) intitulado "Já não cresce tanto. Declínio nas estatísticas de avanço numérico do segmento evangélico sinaliza crise da Igreja". (*Disponível no blog O Grande Diálogo, em* https://goo.gl/pqNNNW – acesso em 13/09/2017.)

prática cercada das tentações do mercado da liderança que demanda pessoas que "saibam o que querem", tenham boa comunicação, movimentem-se com desenvoltura e tenham acentuada capacidade mobilizadora, gerenciando a igreja, o negócio ou a própria vida rumo ao crescimento, à influência e ao sucesso. É neste contexto que Jesus nos mostra outra maneira de liderar e nos convida para a experiência da destituição do poder, da "negação do saber" e da busca por querer ser. Vivenciar isso é difícil e Jesus sabe. Portanto, em resposta à tentação da busca do poder e como um convite à conversão há um gesto e uma palavra de Jesus que nos deixam sem palavras:

> *Mas Jesus, sabendo o que lhes passava no coração, tomou uma criança, colocou-a junto a si e lhes disse: "Quem receber esta criança em meu nome a mim me recebe; e quem receber a mim recebe aquele que me enviou; porque aquele que entre vós for o menor de todos, este é que é grande" (Lc 9.47s).*

Embarcar no aprendizado desse modelo de liderança tem marcas inconfundíveis e significativas. Requer toda a nossa vida, é absolutamente concreto, afeta todas as nossas opções de vida e nossos relacionamentos e é decidido pela nossa vontade de obedecer ao chamado de Jesus, seguindo-o e permanecendo com ele por toda a vida. Há quatro marcas desta obediência que, ainda que parcialmente, destaco a seguir.

O líder cristão se deixa *chamar* e *enviar*

Uma das marcas do líder cristão é que ele inicia sua jornada ouvindo a voz daquele que o chama para ser seu seguidor. Os Evangelhos nos mostram que Jesus se aproxima das pessoas, identifica-as e as desafia a segui-lo. Em um dado momento há um grupo de pescadores cansados, lavando suas redes depois de uma frustrada noite de pescaria, quando Jesus se aproxima, entra em seu mundo e os desafia a segui-lo. Ao final deste encontro vemos esses pescadores deixando tudo para segui-lo em resposta à Palavra de Jesus: *"Não temas; dora- vante serás pescador de homens"* (Lc 5.10). Em outra ocasião, Jesus vê um homem sentado em sua coletoria e simplesmente lhe diz: *"Segue- -me!"*; e ele o faz (Mt 9.9). Há vários outros exemplos. Assim se forma o grupo daqueles que responderam ao chamado de Jesus, decidindo segui-lo com toda a sua vida.

O processo de germinação da liderança cristã se inicia na expe- riência de ouvir o chamado de Jesus que diz "vem e segue-me". É na resposta a este chamado que essa liderança começa a emergir. Assim, a liderança cristã nasce na dependência, e não na afirmação da autonomia e suficiência, como é a marca da nossa cultura. Na ex- periência cristã o líder é aquele que *segue* – e segue Jesus. Tudo o que ele tem a viver, experienciar e comunicar, recebeu em seu ato de obediência àquele que o chamou a segui-lo.

Em um segundo momento, esses discípulos que foram chamados são também enviados, em uma ordem de fatores e experiências que não pode ser alterada. Ou seja, só pode ser enviado aquele que foi chamado. Há nos Evangelhos a especificação de uns poucos momen- tos em que os discípulos são enviados por Jesus para, por assim di- zer, fazer o que ele fazia e dizer o que ele dizia, e sempre do seu jeito. Jesus é o modelo no qual se espelha esse envio. Isso fica explícito na chamada "Grande Comissão" onde, segundo o Evangelho de João, Je- sus diz em oração: *"Assim como tu me enviaste ao mundo, também eu os enviei ao mundo"* (Jo 17.18; 20.21).

Em suas experiências de serem enviados, os discípulos se tornam mensageiros de uma causa que não é deles, pois estão a serviço da causa do Reino de Deus. E esta causa determina, não apenas o con- teúdo de suas vidas e caminhadas, mas o estilo no qual isto é viven- ciado. Assim, o líder cristão não tem causa própria. Tudo o que ele tem, recebeu, e tudo o que ele transmite, aponta para Jesus e o seu Reino. O líder cristão, pois, em primeiro lugar se deixa chamar para dentro do corpo de discípulos de Jesus e, em seguida, deixa-se enviar para não ser nada além de um "embaixador de Cristo", como expresso por Paulo de maneira que dispensa explicação: *De sorte que somos embaixadores em nome de Cristo, como se Deus exortasse por nosso intermédio. Em nome de Cristo, pois, rogamos que vos reconcilieis com Deus* (2Co 5.20).

O modelo da liderança cristã nasce, pois, desse encontro com Jesus e seu chamado. Este nos desinstala e redireciona para um caminho novo, geralmente inesperado e, muitas vezes, difícil. Neste universo não há espaço nem para o auto-oferecimento, nem para a relutância e nem para o caminho fácil. Há lugar somente para a obediência.

O ato de se deixar chamar é fundamental para o exercício de liderança. E, em um gesto de obediência, surge no líder um espaço de obediência, amor, significado e relacionalidade, dimensões que são fundacionais na vida. No ato de responder ao chamado de Jesus é gerado um encontro no qual nos deixamos conhecer, amar e moldar por ele.

O líder cristão se deixa conhecer e amar

Quando o Evangelho de Marcos registra a vocação dos discípulos, enumerando-os um a um pelos seus nomes, há uma nota que o caracteriza. Ele diz: *Depois, [Jesus] subiu ao monte e chamou os que ele mesmo quis, e vieram para junto dele. Então, designou doze para estarem com ele e para os enviar a pregar e a exercer a autoridade de expelir demônios* (Mc 3.13-15). A nota distintiva de Marcos é que os discípulos foram chamados "para estar com ele", em clara expressão da importância do relacionamento e da construção de uma saudável intimidade entre Jesus e os discípulos. Ou seja, antes de serem enviados, os discípulos tiveram a oportunidade de sentar-se aos pés de

Jesus e, assim, experimentar aquilo que Maria experimentou mais tarde: a melhor parte. Ela havia se assentado aos pés de Jesus para ouvir a sua Palavra e Jesus disse que ela *"... escolheu a boa parte, e esta não lhe será tirada"* (Lc 10.38-42). Com esta nota o evangelista está nos dizendo que, para ser um líder nos moldes de Jesus, é preciso aprender a sentar-se aos pés dele para conhecê-lo e ser por ele conhecido.

O convite que precisa ser respondido a este mandato de Jesus – estar com ele – é de enorme importância para a formação do líder cristão. É lá, aos pés do seu Mestre, que ele descobre quem realmente é, o que é importante na vida e o que ele, eventualmente, irá modelar e transmitir para o outro. É lá que ele se percebe amado por Deus, chamado pelo seu nome, respeitado em sua individualidade e afirmado em sua vocação. É lá também que são lançadas as primeiras sementes do discipulado em preparação para a caminhada com Jesus e para o encontro com a missão de tornar-se um líder que aprende a servir.

A relação entre esse momento inicial e a experiência do lava-pés, que aconteceu no final do ministério público de Jesus, é altamente significativa. Ao atenderem ao convite de Jesus para sentarem-se aos seus pés os discípulos aprenderam a conhecê-lo, a ouvir suas histórias e ensinos e a amá-lo em resposta ao seu amor. Três anos mais tarde, o gesto foi repetido ao revés e Jesus se assentou aos pés dos discípulos para lavar os pés deles e, assim, expressar não apenas o que ele, de tantas diferentes maneiras, havia vivenciado nos seus três anos de ministério, como apontar-lhes o caminho a seguir: *"Ora, se sabeis estas coisas, bem-aventurados sois se as praticarem"* (Jo 13.17). O líder cristão é aquele que se especializa em lavar os pés dos outros e o faz em meio às circunstâncias mais difíceis e como anúncio de uma nova possibilidade de vida: a vida com Jesus.

A liderança como profetismo e sofrimento

Um dos mais completos relatos de envio dos discípulos encontra-se no Evangelho de Lucas, no qual ele fala do envio de 72 pessoas. Este texto, que é exclusivo de Lucas, é muito completo em termos de envio missionário, por abordar as diferentes dimensões, tanto da preparação do envio – a oração – quanto do envio em si, da temática a ser anunciada, do contexto que se vai enfrentar e de uma necessária avaliação após a experiência. O que queremos destacar aqui é que o exercício da missão tem um caráter transformador da realidade e estabelece um conflito com essa mesma realidade. Assim é, e deve ser, no exercício da liderança cristã.

O envio tem uma nota profética, ou seja, ele reflete o encontro que se dá entre a presença e a Palavra do Evangelho e a realidade na qual que se vive. Esse encontro é de confronto e de transformação. No relato de Lucas os discípulos foram enviados a entrar em casas e cidades anunciando a aproximação do Reino de Deus, o que se tornaria visível na saudação de paz e na cura de doentes que encontrassem nessas incursões presenciais. O texto diz assim: *"Ao entrardes numa casa, dizei antes de tudo: Paz seja nesta casa! Se houver ali um filho da paz, repousará sobre ele a vossa paz; se não houver, ela voltará sobre vós"* (Lc 10.5s). Em seguida diz:

> *"Quando entrardes numa cidade e ali vos receberem, comei do que vos for oferecido. Curai os enfermos que nela houver e anunciai-lhes: A vós outros está próximo o reino de Deus. Quando, porém, entrardes numa cidade e não vos receberem, saí pelas ruas e clamai: Até o pó da vossa cidade, que se nos pegou aos pés, sacudimos contra vós outros. Não obstante, sabei que está próximo o reino de Deus"* (Lc 10.8-11).

Quando o evangelista Mateus, em relato similar, descreve o envio dos doze discípulos, isso se torna ainda mais evidente: *"... e, à medida que seguirdes, pregai que está próximo o reino dos céus. Curai enfermos, ressuscitai mortos, purificai leprosos, expeli demônios; de graça recebestes, de graça dai"* (Mt 10.7s). A presença dos discípulos teve impacto na realidade e a transformou em diferentes dimensões. Ela era uma presença de paz, de restauração e de libertação. Foi moldada e antecedida pelo ministério do próprio Jesus, no qual a natureza transformadora desta presença e deste anúncio ficou ainda mais visível e explícita. Jesus disse assim em seu impactante programa de Nazaré:

> *"O Espírito do Senhor está sobre mim, pelo que me ungiu para evangelizar os pobres; enviou-me para proclamar libertação aos cativos e restauração da vista aos cegos, para pôr em liberdade os oprimidos e apregoar o ano aceitável do Senhor"* (Lc 4.18s).

Essa presença e essa voz evangélica implicam simultaneamente no anúncio de Boas Novas e na experiência de transformação da realidade antiga, bem como na denúncia da realidade, assim como ela é, e na denúncia daqueles que assim a engendram e mantêm, ou seja, nos autores e configuradores desta realidade iníqua, opressora, exploradora, escravizadora.

Os líderes cristãos, como discípulos enviados em missão, são profetas de um novo tempo, que é o tempo do Reino de Deus, e de uma realidade que se transformou em nova pela ação e presença do Evangelho. Isso acontece, por exemplo, quando os enfermos são curados, os demônios são expulsos da vida das pessoas e a elas são anunciadas as Boas Novas. Essa transformação ocorre na vida de pessoas, nas suas famílias e em suas comunidades, afetando toda a sociedade mediante a instalação de uma nova ordem e que é sinalizadora do Reino de Deus.

É importante destacar que este anúncio e a vivência dessa transformação não se dão no vazio. Acontecem dentro de uma realidade enferma, iníqua, opressiva e exploradora, provocando, assim, um conflito com forças que não são outras senão as forças do mal em sua expressão metafísica, estrutural e pessoal. O evangelista Lucas descreve isso em vários momentos e de diferentes maneiras. Primeiro ele diz que os discípulos foram enviados *"como cordeiros para o meio de lobos"* (Lc 10.3), deixando claro que não se pode vivenciar o discipulado sem experimentar confronto, perseguição e sofrimento. Jesus trabalhou, com os discípulos, a consciência desta realidade de conflito e confronto em diferentes momentos. Em um deles, como registrado pelo evangelista João, ele disse o seguinte:

> *"Se o mundo vos odeia, sabei que, primeiro do que a vós outros, me odiou a mim [...] Lembrai-vos da palavra que eu vos disse: não é o servo maior do que seu senhor. Se me perseguiram a mim, também perseguirão a vós outros; se guardaram a minha palavra, também guardarão a vossa"* (Jo 15.18,20).

Em outro momento, o evangelista Lucas relata que Jesus orientou os discípulos sobre como procederem caso não fossem bem recebidos, por não encontrarem a quem recebesse sua saudação de paz (Lc 10.6) ou por não serem bem recebidos em alguma das cidades para as quais fossem. Ele disse assim:

> *"Quando, porém, entrardes numa cidade e não vos receberem, saí pelas ruas e clamai: Até o pó da vossa cidade, que se nos pegou aos pés, sacudimos contra vós outros. Não obstante, sabei que está próximo o reino de Deus"* (v. 10-11).[8]

O ápice dessa realidade de confronto do Evangelho com a realidade do mal vemos quando, em sua volta, os discípulos queriam contar uma história de sucesso, enquanto Jesus lhes disse o que de fato aconteceu. O relato diz:

> *Então, regressaram os setenta, possuídos de alegria, dizendo: Senhor, os próprios demônios se nos submetem pelo teu nome! Mas ele lhes disse: "Eu vi Satanás caindo do céu como um relâmpago. Eis aí vos dei autoridade para pisardes serpentes e escorpiões e sobre todo o poder do inimigo, e nada, absolutamente, vos causará dano"* (Lc 10. 17-19).

A realidade do mal é assustadora e somente a autoridade de Jesus a enquadra, desautoriza e transforma.

---

8   Há neste relato de Lucas, ainda, uma referência mais ampla ao tratamento que seria dado às cidades que não recebessem os mensageiros do Reino de Deus, mas isso não será objeto de comentário neste artigo (Lc 10.12-16).

Sempre foi assim no decorrer da história: o Evangelho tem uma inegável dimensão transformadora, ao mesmo tempo em que denuncia as estruturas e práticas de pecado que arruínam a vida das pessoas, provocando reações tão fortes quanto a força do mal. Reações demoníacas que se dão tanto em relação ao anúncio quanto à prática do Evangelho. Em nossos dias não é diferente e o próprio Evangelho está sempre sendo ameaçado e em risco de ser desautorizado por essas forças, seja entre nós e em nossa aparente liberdade religiosa, ou no crescente número de lugares onde cristãos são perseguidos de maneira assustadora e a igreja está sendo patrulhada intensamente.

A liderança cristã brasileira precisa se dar conta dessa realidade em um contexto como o nosso, no qual a tendência é preocupar-se mais com o "sucesso" e suas técnicas, sempre vivendo a tentação de diluir a mensagem do Evangelho em uma nota de bem-estar e destituindo-o de qualquer dimensão de denúncia de uma realidade idolátrica, demoníaca e injusta. Essa mesma liderança precisa, também, redobrar o cuidado com o encanto do sucesso quantitativo, seja pela adulação e cooptação de diferentes setores da sociedade, para que se tenha um lugar "na mesa dos poderosos", seja por se deixar ludibriar por esta mesma realidade, sempre lembrando que há demônios *caindo do céu como um relâmpago* (v.18). As fotos, os coquetéis, os palanques, os acertos políticos e as costuras econômicas são tentações que precisam ser dominadas e ou repreendidas em nome de Jesus.

É sempre importante estarmos conscientes de que vivemos "em meio a lobos". A nós, resta-nos depender do bom pastor que cuida das suas ovelhas[9] sem nunca nos acomodarmos aos lobos nem deixar de denunciá-los, pois eles são de um outro reino. Os discípulos de Jesus anunciam o Reino de Deus e se associam à nuvem de testemunhas da qual fala o livro de Hebreus, apontando para aqueles que

---

9   Veja a imagem usada pelo próprio Jesus em João 10.11, em que ele diz: *"Eu sou o bom pastor. O bom pastor dá a vida pelas ovelhas"*.

... subjugaram reinos, praticaram a justiça, obtiveram promessas, fecharam a boca de leões, extinguiram a violência do fogo, escaparam ao fio da espada, da fraqueza tiraram força, fizeram-se poderosos em guerra, puseram em fuga exércitos de estrangeiros (Hb 11.33s).

O centro está claro: o Reino de Deus

O anúncio da realidade e da proximidade do Reino de Deus é a mensagem central de Jesus, como ele mesmo expressou no início do seu ministério público: *"O tempo está cumprido, e o reino de Deus está próximo; arrependei-vos e crede no evangelho"* (Mc 1.15). Esse reino tem uma dimensão presente e uma dimensão futura. Em sua dimensão presente ele critica os reinos atuais, como acabamos de ver, anuncia uma nova realidade e busca a transformação desta mediante a intervenção do Evangelho. Em sua dimensão futura ele anuncia um novo Reino, que nunca é fruto de qualquer intenção ou atuação humana, mas é pura ação de Deus. Um agir que nos colocará em uma realidade de "novo céu e nova terra".

Esse futuro de Deus, no entanto, já invade o nosso presente. É muito significativo poder ter o presente alimentado pelo futuro do Reino de Deus, ou seja, a realidade do futuro transformado de Deus inspira e modela o anúncio e a vivência do Reino hoje. Assim, nós vivemos ouvindo obedientemente ao chamado de Jesus, que nos convida a segui-lo hoje, e ouvindo a promessa de uma realidade transformada, descrita na visão de João em Apocalipse:

> *Então, ouvi grande voz vinda do trono, dizendo: Eis o tabernáculo de Deus com os homens. Deus habitará com eles. Eles serão povos de Deus, e Deus mesmo estará com eles. E lhes enxugará dos olhos toda lágrima, e a morte já não existirá, já não haverá luto, nem pranto, nem dor, porque as primeiras coisas passaram. E aquele que está assentado no trono disse: Eis que faço novas todas as coisas. E acrescentou: Escreve, porque estas palavras são fiéis e verdadeiras* (Ap 21.3-5).

É muito significativo também que ouvir obedientemente ao chamado de Jesus, hoje, em seu aspecto presente, nos faz ver que ele é a realização da promessa profética de ontem e representa a encarnação do Reino de Deus. Assim vemos o passado tornando-se presente. Um presente encarnado por Jesus – ele é o cumprimento da promessa – e expresso através do seu ministério, como já referimos antes e repetimos aqui:

> *"O Espírito do Senhor está sobre mim, pelo que me ungiu para evangelizar os pobres; enviou-me para proclamar libertação aos cativos e restauração da vista aos cegos, para pôr em liberdade os oprimidos, e apregoar o ano aceitável do Senhor"* (Lc 4.18s).

A encarnação do Reino se torna realidade na exata medida em que esse Evangelho é anunciado e vivido, o que se vê, de maneira particular, na vida das crianças, dos enfermos e dos possessos. Em realidade, a mensagem do Reino de Deus trata das questões mais básicas da vida humana – enfermidade, possessão, medo, angústia, opressão... – e é lá que é testemunhada a ação transformadora de Deus.

À medida que os discípulos vão, eles vão se descobrindo e se revelando seguidores de Jesus. Como tal eles nada têm a dizer e a fazer que não tenham recebido do próprio Jesus e não são enviados a dizer e fazer nada além disso. Esta é a grande descoberta quando se anda nos passos e no compasso de Jesus. E este é o grande desafio que enfrentamos sempre: não fazer da nossa liderança o nosso projeto, mas nos colocarmos a serviço do projeto de Jesus. Ir quando ele nos manda, ir para onde ele ia e como ele ia, e fazer o que ele fazia. Nada além disso, mas tudo isso é o que está no escopo daqueles que se consideram líderes da causa do Evangelho.

É indo, no nome de Jesus, que os discípulos se tornam mensageiros do Reino e canais através dos quais os sinais do Reino se tornam realidade. Eles se tornam líderes de um outro Reino.

O reencontro e a oração

O início do texto que narra o envio dos setenta e dois discípulos destaca a convocação à oração, àquela oração que reconhece quem é o Senhor desse Reino e quem é aquele que convoca e envia seus seguidores: *E lhes fez a seguinte advertência: "A seara é grande, mas os trabalhadores são poucos. Rogai, pois, ao Senhor da seara que mande trabalhadores para a sua seara"* (Lc 10.2). Esta é uma oração que salienta o que já foi destacado aqui: estamos na mão e a serviço daquele que nos chama para estar com ele, segui-lo e testemunhar dele.

Este mesmo texto de Lucas, com outra nota significativa, termina o relato do envio com uma detalhada narrativa na qual os discípulos estavam de volta e contaram sua experiência, sendo lembrados por Jesus do que é mais importante em toda essa história: *"Naquela hora, exultou Jesus no Espírito Santo e exclamou: "Graças te dou, ó Pai, Senhor do céu e da terra, porque ocultaste estas coisas aos sábios e instruídos e as revelaste aos pequeninos. Sim, ó Pai, porque assim foi do teu agrado".* Para logo continuar: *"Pois eu vos afirmo que muitos profetas e reis quiseram ver o que vedes e* não viram; ouvir o que *ouvis e* não ouviram" (Lc 10.21,24).

Há anos comecei a ler este programático texto de Lucas 10.1-12, pois ele oferecia uma clara nota missionária: o envio era certo e a resposta a este, incisiva. A mensagem do Reino, em palavra e ação, se esboçava de maneira inequívoca e as consequências quanto à aceitação ou rejeição da mensagem e do mensageiro completavam o cenário de um texto que convidava para a sistematização e a idealização da tarefa missionária.

Mas foi em anos mais recentes que comecei a ler e refletir também na continuidade do texto, percebendo que há vida depois do envio, ou seja, os discípulos não apenas foram enviados em missão, mas também precisaram voltar, o que é cuidadosamente relatado pelo autor. Não é possível ler o texto do envio sem fazer contato com a experiência da volta; e não há sentido em contemplar essa experiência de volta sem que ela esteja vinculada ao envio.

O que preocupa, no frenético e pragmático contexto evangélico de conquista – de pessoas, de espaço e de influência – é que nos tornamos todos viciados e obcecados pela ação, pela agenda, pelo trabalho e pelo sucesso. Vivemos o ministério como se tudo dependesse de nós, como se Deus estivesse "perdido" sem o nosso trabalho. Muitas vezes o que nos afirma é aquilo que fazemos, o que temos para mostrar como resultado do nosso trabalho. O que Lucas demonstra aqui é que a volta é tão importante quanto a ida. Aliás, é a volta que põe em perspectiva a ida.

Os discípulos voltaram encantados com o êxito da sua experiência missionária, principalmente com o exercício da autoridade espiritual. Esse negócio de experimentar a submissão dos "próprios demônios" era simplesmente surreal, fantástico e empolgante. Nem Herodes, com todo o seu poder, para usar uma figura daquele tempo, sonhava em "beliscar" um poder de tal natureza! Aliás, nesta plataforma o próprio poder político, o econômico e o social tornam-se meros filhotes do poder espiritual.

A verdade é que o manuseio do poder espiritual é mais sensível, arriscado e perigoso do que o exercício de outros poderes e deve ser recebido e exercido com cuidado e reverência, afinal, ele pertence somente a Deus e nunca a nós. Não há, é verdade, ministério cristão possível sem o exercício da autoridade espiritual. Mas também não há autoridade espiritual que possa ganhar autonomia. E não há poder espiritual que possa ser apropriado por aquele a quem, em determinado momento, foi conferido tal poder como instrumento de libertação e restauração do outro. É isso que Jesus fez questão de deixar bem claro ao voltarem os discípulos. Ele não só não se deixou encantar pelo deslumbramento deles como lhes fez lembrar a origem de tal autoridade, dizendo-lhes:

"Eu vi Satanás caindo do céu como um relâmpago. Eis aí vos dei autoridade para pisardes serpentes e escorpiões e sobre todo o poder do inimigo, e nada, absolutamente, vos causará dano" (Lc 10.18s).

A legitimidade da autoridade espiritual tem uma relação direta com a fonte da qual essa autoridade emana. Todo o resto é charlatanismo e usurpação. É isso que precisa ficar claro nesse contexto de deslumbramento com o próprio exercício da liderança e as consequências que derivam dele.

Jesus, no entanto, não estava interessado em meramente desencantar o encanto dos discípulos. Ele não participou de um exercício por meio do qual buscava assegurar o seu espaço de poder. Ele não precisava afirmar o poder como sendo seu. Ao lembrá-los de onde vem o poder espiritual ele os estava libertando da sede de poder, da busca do poder pelo poder. Ademais, estava interessado em lhes mostrar algo ainda mais importante, mais fundamental. Algo que é tão verdade quando os demônios se submetem a eles (Lc 10.17) como quando eles não conseguem expulsar o demônio, como aconteceu em outra ocasião (Mc 9.14-25). Algo que independe do que se faz e do que se produz, que nasce de uma iniciativa de amor da parte de Deus, tornando as pessoas conhecidas pelo que elas são e amadas como elas são. Um ato de amor que independente de qualquer coisa. Um ato de amor que dá nome às pessoas na presença de Deus: *"Não obstante, alegrai-vos, não porque os espíritos se vos submetem, e sim porque o vosso nome está arrolado nos céus"* (Lc 10.20).

Foi, pois, no contexto dessa conversa pós-experiência bem-sucedida que Jesus retomou o tema do Reino de Deus, com ênfase na revelação de Deus. Uma revelação que obedece a uma surpreendente rota sem nunca se submeter às hierarquias convencionadas e às

A liderança segundo o modelo de Jesus   37

ordens estabelecidas. A revelação de um Deus que esconde seus se-gredos dos que se julgam donos dos segredos de Deus e do mundo. Um Deus que insiste em descortinar sua intenção salvífica e a ra-dicalidade do seu amor por meio de canais "absolutamente inapro-priados" para tão digna revelação, afinal, ninguém que pensasse um pouco iria escolher crianças, ou mesmo aquele atrapalhado grupo de homens que cercavam Jesus, para verem, sentirem e transmitirem a realidade do amor e da graça salvadora de Deus. O fato, no entanto, é que lá estava a criança no centro da roda, envolta pela surpreenden-te insistência de Jesus em colocá-la como critério de entendimento, de aceitação e até de entrada no Reino de Deus (veja Mc 9.35-37; 10.13-16). E Jesus pôs nos lábios um largo sorriso ao anunciar que tinha um enorme prazer em caminhar com aquele seu atrapalhado e instável grupo de discípulos, tornando-os privilegiadas testemunhas da revelação salvadora de Deus que se dá na pessoa do próprio Jesus Cristo:

> "Naquela hora, exultou Jesus no Espírito Santo e exclamou: "Graças te dou, ó Pai, Senhor do céu e da terra, porque ocultaste estas coisas aos sábios e instruídos e as revelaste aos pequeninos. Sim, ó Pai, porque assim foi do teu agrado" (Lc 10.21).

Aquele grupo de discípulos certamente não passaria na maio-ria dos cursos de liderança que promovemos em nossas igrejas e instituições. Mas são eles, com sua experiência de vocação e en-vio, capacitação e empoderamento, vulnerabilização e até atrapa-lhação, que se constituem também em modelo para nós. Eles nos convidam a viver a experiência do discipulado nestes tempos que nem sabemos ao certo como qualificar e descrever. Tempos difíceis e excitantes, nos quais não podemos abrir mão dessa experiência de retorno dos discípulos, uma experiência de acolhimento da qual carecemos. Assim, acolhidos pelo Pai, caminharemos em meio aos lobos, repreenderemos os demônios e curaremos os enfermos. Acolhidos pelo Pai, teremos a coragem de olhar no espelho e nos confrontarmos, dia após dia, com nossa finitude. Acolhidos pelo Pai, nos sabemos amados, e mergulhamos em uma experiência na qual a cruz, em meio a um profundo temor, não deixa de ter gosto de mel. Mel da colmeia real. Colmeia em forma de túmulo vazio.

Ao concluir este artigo, invoco a dedicatória de um impactante livro de Marva J. Dawn, intitulado *The Sense of the Call* (O sentido do chamado). "Este livro é dedicado", diz ela, e assim eu gostaria de repetir:

com seriedade
aos muitos seguidores de Jesus
que lutam para compreender a presente cultura
e como servir nela e para ela e apesar dela,
que anseiam alcançar o próximo com
as Boas Novas do Evangelho;

com gratidão
aos incontáveis trabalhadores da Igreja
no decorrer dos anos
que me advertiram, criticaram, corrigiram, instruíram,
aconselharam, encorajaram, inspiraram,
e, de tantas outras formas, me ajudaram a prostrar-me diante de Deus;

com verdadeira compaixão
aos inúmeros servos de Cristo
que levam bordoadas tantas vezes,
que sofrem com cruzes impostas sobre eles
por forças externas além do controle,
que se perguntam de onde tirarão coragem para encarar mais um dia;

com regozijo
aos muitos ministros e pastores
que estão se deleitando ao fazer o que fazem de melhor,
que amam profundamente o povo que servem

A liderança segundo o modelo de Jesus 39

e são amados de volta,

que experimentam a presença de Deus em seus afazeres;

com lamentos unidos

às muitas pessoas dedicadas a Deus

que agonizam por suas missões ou seus ministérios,

que questionam as máximas dos gurus sociais e marqueteiros de igrejas,

que se perguntam que raios aconteceu com

o significado de "chamado";

com orações

pelas várias lideranças pastorais

que representam todos os anteriores e, às vezes, tudo ao mesmo tempo.[10]

---

10 DAWN, Marva J. *The Sense of the Call: A Sabbath Way of Life for Those Who Serve God, the Church, and the World (O sentido do chamado: um modo de vida sabático para aqueles que servem a Deus,* à *igreja e ao mundo).* (Grand Rapids: Eerdmans, 2006.)

A formação de um líder é uma questão de vida

Ricardo Agreste da Silva

EU HAVIA ACABADO DE RETORNAR AO ESCRITÓRIO depois de uma aula sobre liderança cristã quando um de meus alunos colocou o rosto na porta aberta e perguntou: "Ocupado, professor? Posso tomar um minuto?" Com um gesto, pedi que ele entrasse. Tão logo se assentou à minha frente, o jovem perguntou: "Como posso realmente tornar-me um líder?" Achei estranha a pergunta, ainda mais porque era formulada por um aluno do quarto ano do seminário. Ele havia sido enviado por sua igreja visando sua preparação como líder. Dentro de poucos meses, quer soubesse ou não o que significava ser um líder, ele seria tido como um pela comunidade que iria pastorear. No entanto, o questionamento daquele aluno fez nascer em mim uma séria inquietação. Seria justo continuar incentivando a ideia comum de que um líder é formado por um curso de quatro anos em um seminário ou durante um mês em um curso intensivo oferecido por uma missão? Por melhor e mais bem-intencionada que seja uma instituição, pode ela realmente assumir a responsabilidade pela formação de líderes?

Pensando na formação de líderes em categorias seculares, não tenho a menor dúvida de que é possível desenvolvê-los em laboratório. Eles estão por toda parte, fazendo faculdades, mestrados, doutorados, cursos que ensinam a falar em público, lendo livros sobre inteligência emocional, fazendo workshops sobre como tirar o melhor das pessoas e sendo enviados para lugares onde podem tomar conhecimento das últimas técnicas de negociação. Nesses moldes, a formação depende exclusivamente da capacidade de retenção das informações recebidas e da esperteza em aplicá-las nas mais variadas situações de trabalho. Além disso, a formação se restringe à habilidade de lidar com técnicas em que o ponto fundamental é aprender a tirar vantagem de circunstâncias e de pessoas com o objetivo de alcançar os resultados esperados o mais rápido possível.

No entanto, observando a história de homens e mulheres usados por Deus na liderança de seu povo, encontramos um modelo bem diferente de formação. Ao olharmos suas vidas, constatamos que, mais do que o mero treinamento formal, suas variadas experiências, as diversas circunstâncias vividas e os relacionamentos desenvolvidos se apresentam como fatores determinantes de sua formação. Mesmo para aqueles que receberam tal treinamento, a vida acaba se revelando a grande escola, na qual experiências boas e ruins, circunstâncias favoráveis e desfavoráveis, relacionamentos confortáveis e conflituosos vão sendo gradualmente incorporados por Deus em suas vidas. A eles cabe aprender a perceber o mover de Deus em suas vidas e a exercitar a confiança no caráter divino ao longo dos momentos nebulosos dessa jornada.

Assim, fico perplexo ao perceber como Deus, em sua sabedoria e amor, usa essa variedade de circunstâncias, experiências e pessoas para formar diferentes homens e mulheres. Cada um deles vai sendo lapidado por meio das mais variadas situações, vividas em contextos distintos, dando origem a um líder com um estilo próprio de ser, de lidar com pessoas e de enfrentar desafios com os quais se depara. É a partir da diversidade de personalidades, perspectivas de vida e estilos de liderança que Deus usa homens e mulheres para abençoar seu povo e conduzi-lo ao longo da história da salvação. Desta forma, poderíamos dizer que Deus não é dado ao processo de produção de líderes em série. Na construção de uma vida Deus se revela um exímio e sensível artesão.

Inconscientes e inacabados. Movidos pela graça

Na escola da vida, três características parecem estar sempre presentes na história dos líderes que são formados por Deus. A primeira delas é a inconsciência inicial dos líderes em formação sobre a ação e os propósitos de Deus para suas vidas. Em suas histórias, estes homens ou mulheres são normalmente apresentados como pessoas comuns, vivendo as mais variadas situações, diante das quais, muitas vezes, experimentam sentimentos contraditórios, motivações duvidosas e atitudes errôneas. Em meio à rotina que os envolve, eles demonstram nenhuma, ou quase nenhuma, consciência da ação de Deus em suas vidas. Por isso mesmo, quando se deparam com o desafio à liderança, parecem tomados por um sentimento de espanto e de profundo senso de inadequação. Somente nesse momento parece iniciar-se um gradual processo de consciência acerca da presença de Deus em suas histórias e dos propósitos dele para suas vidas.

Uma segunda característica presente na história de líderes formados por Deus ao longo da vida é o permanente estado de "pessoas inacabadas" que esses homens e mulheres vivem. Não importa o momento de vida em que se encontrem, nem a posição que ocupem, muito menos as vitórias obtidas no passado, eles se percebem em processo de formação. Por mais experientes ou poderosos que sejam, são sempre achados "em construção". Por isso, precisam estar sempre abertos para o novo na presença de Deus, sensíveis ao mover divino em suas vidas. A perda de tal sensibilidade pode levar um líder a perder, tanto o contato com sua própria humanidade, quanto a consciência de que Deus é a fonte de suas forças. Essa perda, normalmente, se apresenta como a grande responsável por um desastre na história de alguns desses líderes formados por Deus ao longo de uma vida.

Uma terceira característica presente na história desses homens e mulheres é o constante mover da graça de Deus. A graça de Deus em suas vidas, muito antes de um conceito soteriológico, parece ser um conceito existencial. A graça os move ao longo da vida, das raízes mais básicas à maturidade ministerial; dos alicerces edificados na herança familiar e formação inicial a uma maior consciência da vocação histórica. A graça – da qual esses homens e mulheres parecem ter pouca ou nenhuma consciência nos períodos iniciais de suas vidas – vai se tornando cada vez mais perceptível na medida em que vivem na direção da maturidade. Nos períodos mais avançados da vida, esses homens e mulheres se veem rendidos à verdade de que a graça de Deus lhes basta e são inspirados a declarar que ela é muito melhor do que a própria vida.

Períodos da formação

Há alguns anos, chamou minha atenção um livro escrito pelo Dr. Robert Clinton. Depois de estudar exaustivamente a vida de líderes bíblicos e líderes da história da Igreja, o autor sugere a existência de certo curso comum na vida destes homens e mulheres. Pensando um pouco mais sobre a tese, passei a considerar a possibilidade de que, ao longo da vida, homens e mulheres são conduzidos pela graça através de certos períodos que tenho assim caracterizado: fundamentos, despertamento, amadurecimento e convergência.

Não creio que estes períodos devam ser vistos de maneira absoluta ou rígida, mas são referenciais verificáveis no curso de uma vida. É quando homens e mulheres são conduzidos por Deus em sua formação como líderes de deu povo.

Os fundamentos de uma vida

Eugene H. Peterson nos chama a atenção para a necessidade de olharmos para nossas histórias com maior sensibilidade quanto à presença de Deus em nossos caminhos. Aparentemente, não temos grandes dificuldades para perceber Deus nos momentos extraordinários da vida. Nosso maior problema parece ser o reconhecimento da presença de Deus nos eventos comuns. Ao longo de nossa existência, Deus se mostra presente tanto nos atos maravilhosos e extraordinários quanto nos toques graciosos e habituais. Assim, com esta convicção, somos convidados a olhar para nossas histórias, bem como para as de nossos antepassados, não como uma série de eventos casuais e desconexos, mas como os alicerces de uma misteriosa e graciosa história articulada e construída por Deus.

Desta maneira, a história de um líder não tem início aos 20, 30 ou 40 anos. Pensar em sua formação a partir da idade adulta seria desconsiderar os alicerces lançados por Deus no passado, sobre os quais o treinamento formal e o desempenho ministerial são estabelecidos. Muito antes da concepção de um homem ou mulher, Deus já se mostra presente na história que os antecede. Essa história, que envolve seus pais, avós e bisavós, dá origem a certa cultura que, posteriormente, os envolve e os afeta. Ao longo de sua infância e adolescência, eles são iniciados nos valores e tradições dessa cultura, os quais, somados às mais variadas circunstâncias e experiências vividas, lançam os alicerces para uma vida adulta.

Um dos exemplos encontrados na Palavra de Deus para ilustrar a importância desses alicerces lançados por Deus para a construção de uma vida encontra-se na história de Davi. Ele era filho de Jessé, que era filho de Obede, que era filho do casamento entre Boaz e Rute. A história de Davi, muito antes de sua própria concepção, já era marcada pelo toque da graça divina. Sua bisavó, Rute, sendo mulher, viúva e moabita, vivendo no meio de Israel, tinha tudo para passar pela história como uma marginalizada. No entanto, o último capítulo de sua história nos apresenta uma mulher que, de maneira surpreendente e graciosa, foi integrada à história da salvação. Aqui, o processo usado por Deus é caracterizado pelo comum. Na vida de Rute a graça de Deus se moveu através do habitual e a redenção divina através do comum.

Mas não somente a "pré-história" de Davi foi marcada pelo toque gracioso de Deus. Após a rejeição de Saul como rei (como vemos em 1 Samuel 15), Deus enviou o profeta Samuel para uma vila sem expressão chamada Belém. Estranho, Deus querer suscitar um novo rei de lugar tão insignificante! Pior ainda é a ideia de escolher alguém da casa de Jessé, aquele neto da viúva moabita! Maior perplexidade emerge na escolha do caçula em uma casa com oito filhos. Culturalmente, essa decisão é envolvida por contrassensos, enquanto, historicamente, é revestida pela graça. Assim, a história de Davi torna-se, não a história daqueles que através de suas habilidades encontram Deus, mas daqueles que, em sua pequenez e fragilidade, são encontrados por ele. Davi ilustra a história de muitos que têm sido surpreendente e graciosamente introduzidos na empolgante história da salvação.

Pensando ainda na infância e na adolescência de Davi como parte dos alicerces lançados por Deus em sua história, podemos perceber

A formação de um líder é uma questão de vida   47

o quanto o seu meio se tornou parte integrante da fundação a partir da qual Deus o usaria. Muito do cenário da infância e adolescência de Davi tornou-se referencial para a maneira como ele, no futuro, passaria a olhar a vida, as pessoas e os desafios. O trabalho desempenhado na infância e as experiências vividas naquele contexto tornaram-se parte das lentes através das quais Davi se relacionava com o mundo. Exemplo disso encontramos nas palavras ditas por ele a Saul, diante do desafio de lutar contra o gigante filisteu. Davi disse:

> Teu servo apascentava as ovelhas de seu pai; quando veio um leão ou um urso e tomou um cordeiro do rebanho, eu saí após ele, e o feri, e livrei o cordeiro da sua boca; levantando-se ele contra mim, agarrei-o pela barba, e o feri, e o matei. O teu servo matou tanto o leão como o urso; este incircunciso filisteu será como um deles... (1Sm 17.34-36).

As armas com as quais Davi enfrentou Golias foram aquelas com as quais aprendeu a lidar ao longo da infância e adolescência. O texto nos diz:

> Tomou o seu cajado na mão, e escolheu para si cinco pedras lisas do ribeiro, e as pôs no alforje de pastor, que trazia, a saber, no surrão; e, lançando mão de sua funda, foi-se chegando ao filisteu (1Sm 17.40).

Mais tarde, em meio às perseguições de Saul, a dura vida como refugiado no deserto, as traições dos zifeus, as tolices de Nabal, as lutas políticas entre Abner e Joabe e a rebeldia dos filhos, Davi trouxe para sua relação com Deus a imagem que, desde sua infância, melhor retratava a segurança em meio ao cansaço:

> O SENHOR é o meu pastor; nada me faltará. Ele me faz repousar em pastos verdejantes. Leva-me para junto das águas de descanso; refrigera minha alma (Sl 23.1-3).

O despertamento para a vida

Como vimos anteriormente, ao longo da formação de um líder, muito antes de ele ter a consciência da presença e da ação divina em sua vida, Deus já se mostra presente trabalhando no seu caráter e na sua visão de mundo, lançando os alicerces sobre os quais seu ministério será posteriormente estabelecido. No entanto, existe um período no qual esse líder emergente é levado, por meio de diferentes formas e variadas circunstâncias, a descobrir o amor de Deus por ele e, consequentemente, a sentir-se despertado para o serviço a Deus.

Esse período é caracterizado pela tomada de consciência, ainda que de maneira embrionária, de que Deus tem estado por trás de sua história e de que ele o ama e tem um propósito para sua existência. No contexto do Antigo Testamento, normalmente essa consciência tem início em uma experiência de chamado, enquanto no contexto cristão ela geralmente nasce com a própria conversão, desenvolvendo-se na direção de um senso de vocação.

As descobertas acerca do amor de Deus e de seus propósitos para a vida levam esse líder emergente a dedicar-se na busca por um maior conhecimento de Deus e envolver-se nas mais variadas frentes de serviço a ele. Apesar dessa dedicação intensa e espontânea, seus esforços são ainda desarticulados, sem muita consciência de uma clara vocação.

Em nosso contexto atual, esse desejo de conhecer melhor Deus e envolver-se no seu trabalho normalmente leva o líder emergente a buscar algum tipo de treinamento. Este treinamento muitas vezes é recebido em grupos de discipulado, estudos bíblicos, cursos de férias, programas de treinamento de liderança, entre outras coisas. Para alguns, o anseio por melhor preparo culmina com a ida para um instituto bíblico ou seminário. A expectativa é de, ali, receber tudo quanto se faz necessário para tornar-se um líder do povo de Deus.

Paralelamente a essa busca por preparo, o líder emergente vive também suas primeiras experiências ministeriais. Como o desejo de servir a Deus é grande, mas a consciência de sua vocação ainda

A formação de um líder é uma questão de vida

não é tão clara, este período caracteriza-se pelas muitas ações e experiências marcantes. As vitórias são motivo de grande euforia e as decepções são razão de grande transtorno. Junto com o desempenho ministerial vão se acumulando uma série de acontecimentos, uma gama de sentimentos e uma complexidade de relacionamentos.

Dividido entre o treinamento formal que vem recebendo e as primeiras experiências ministeriais, nem sempre o líder emergente tem consciência do estreito vínculo entre as duas coisas. Se para ele sua formação tem se dado na sala de aula, para Deus sua lapidação tem encontrado lugar na vida. As alegrias e as frustrações fazem parte do processo de Deus em sua formação. As vitórias e decepções são ferramentas de Deus na construção de seu perfil. Os relacionamentos oferecem oportunidades para que Deus trabalhe em seu coração.

Na história de Davi, certamente o episódio de 1 Samuel 16.1-13, no qual ele foi ungido por Samuel, tornou-se um marco em sua existência. Tanto que, segundo o relato, somente depois da unção é que seu nome, Davi, emergiu na história: *... daquele dia em diante, o Espírito do SENHOR se apossou de Davi* (v.13).

No entanto, parece-me que, enquanto Samuel tinha plena consciência do que estava ocorrendo, Davi ainda não compreendera o significado de tal fato. Neste sentido, as experiências que se seguiram fazem parte desse gradual despertamento para a vida ao qual Davi foi conduzido por Deus. A batalha contra o filisteu, a amizade de Jônatas, o sucesso nas campanhas militares, a crescente popularidade e o casamento com Mical foram, gradualmente, lançando luzes sobre uma vocação.

Por um lado, Davi foi, pouco a pouco, iniciado nas artes da guerra e na vida na corte. Certamente estes eram treinamentos essenciais para a vida do futuro rei. Por outro lado, paralelamente a este treinamento mais claramente voltado à sua preparação como rei, uma série de experiências iriam proporcionar a Davi a lapidação de coração e caráter a fim de que se tornasse não meramente mais um rei, mas um homem segundo o coração de Deus a serviço de sua geração. Experiências como sua crescente popularidade diante do povo, o progressivo ciúme doentio por parte do rei Saul, a fuga para o deserto, a amizade fiel de Jônatas, a traição dos zifeus, entre outras, foram se tornando o ambiente no qual Deus trabalhou em Davi.

O amadurecimento ao longo da vida

Como vimos até aqui, após o líder tomar consciência do amor e da ação de Deus em sua vida segue-se um período marcado pelas primeiras experiências com a pessoa de Deus e com seu trabalho no mundo. Este momento culmina na busca por alguma forma de treinamento. Com o término do treinamento formal, e na medida em que se envolve no trabalho de Deus, o líder acaba por ser introduzido, formal ou informalmente, em um ministério mais específico. Nesta fase da sua vida o líder normalmente ainda não tem consciência de que esse ministério não representa, necessariamente, o centro de sua vocação, mas um meio através do qual Deus continua trabalhando e movendo-o na direção da convergência de vida. É neste ponto que reside a grande tensão desta fase: aqui o líder corre o grande risco de perceber-se como alguém acabado. Assim, ele passa a viver em função do desenvolvimento de seu ministério, enquanto Deus ainda está trabalhando no desenvolvimento de sua vida. O líder vive a expectativa de que a maior obra que Deus quer realizar é aquela que ele fará *por meio* dele, enquanto a maior obra que Deus deseja realizar é aquela que fará *nele*. Enquanto os esforços do líder voltam-se ao fazer, os olhos de Deus residem no ser.

Desta forma, esta fase caracteriza-se por um certo desencontro de expectativas. Enquanto o foco do líder está nas realizações ministeriais, o foco de Deus continua em sua formação. Enquanto o líder gasta suas forças físicas e emocionais para fazer um ministério que o dignifique,

Deus trabalha em sua alma e coração na expectativa de conduzi-lo à maturidade de vida e à consciência plena de sua vocação histórica.

Por causa desse desencontro de expectativas, muitos líderes nesta fase vivem sérias crises. Algumas delas são decorrentes de uma estafa física e emocional gerada por um ritmo ministerial frenético e alimentado pelas próprias forças no desejo de construir um ministério bem-sucedido. Outras são decorrentes das consequências espirituais e sociais desse projeto de vida concentrado no fazer, sem tempo para o cuidado da família ou para o desenvolvimento de amizades. Outras são ainda fruto da constatação de que, apesar de todo esforço empreendido, tudo isso não foi suficiente para construir o ministério sonhado. As crises contribuem para que líderes sejam conduzidos a um deserto. Se, para alguns, esse deserto representa literalmente o isolamento e a reclusão geográfica, para outros este mesmo deserto acaba por ter um caráter existencial, sendo caracterizado pelas dificuldades enfrentadas e pela exaustão sentida.

Na vida de muitos líderes bíblicos e históricos, o deserto representa um momento decisivo na sua jornada. Alguns, exaustos pelo fazer e distantes de amigos, interpretam que Deus os chamou para uma obra, mas os deixou no meio do caminho. Decepcionados com Deus, abortam o projeto ministerial. O que contribui grandemente para esta interpretação sem discernimento é a falta de sustentação dos relacionamentos familiares e das amizades, áreas que foram sendo marginalizadas em suas agendas. Soma-se a isso, em algumas situações, faltas e pecados que acabam por se tornar públicos e envergonhá-los publicamente. Assim, no deserto, esses líderes tornam-se vítimas de seus próprios projetos marcados pela obsessão pelo sucesso e consequente alienação de Deus.

Para outros, o deserto torna-se um momento de tremenda importância para reavaliação de vida e aprofundamento da consciência de sua vocação histórica. No deserto alguns líderes ganham a consciência de que a maior obra que Deus quer realizar será agindo em suas próprias vidas. Essa descoberta muda completamente o foco de vida desses líderes. Soma-se a essa mudança uma gradual tomada de consciência de quem eles realmente são, quais são as suas habilidades e seus dons, bem como quais não são as suas habilidades e dons. Consequentemente, nasce certa consciência de que Deus não os chamou para fazer todas as coisas nas quais eles têm estado envolvidos. Inicia-se assim uma convergência de vida.

Na vida de Davi encontramos momentos que ilustram claramente esta fase de amadurecimento. Logo no início de sua carreira na corte e à frente dos exércitos de Saul, Davi viveu uma experiência de sucesso meteórico. Ele rapidamente se destacou como exímio comandante e a população passou a saudá-lo de maneira explicitamente confrontadora a Saul. O casamento com a filha do rei contribuiu para um cenário que parecia grandemente propício para sua efetivação, a curto prazo, como rei de Israel. No entanto, quando tudo nos leva a crer que sua história seguiria nesta direção, ela ganhou novo rumo com o descontrole do ciúme de Saul e o consequente exílio de oito anos no deserto a que Davi se viu submetido.

No deserto, Davi passou a viver em um mundo rodeado pela hostilidade, pela traição e pelo convite à violência. Tudo no deserto o convidava a decepcionar-se com Deus. Tudo o induzia a pensar que Deus o havia chamado para uma obra, mas o abandonado no meio do caminho. No entanto, como menciona Eugene Peterson quando trata acerca da vida de Davi, este se apresenta como alguém que, apesar de estar no deserto, não permite que o deserto esteja nele. Peterson ainda destaca que, bem possivelmente, os Salmos de Davi foram, pelo menos a maior parte deles, escritos no deserto.

Lendo a vida de Davi, encontramos um dos momentos mais críticos vividos no deserto no relato de 1 Samuel 25. A notícia da morte de Samuel abalou significativamente Davi. Afinal, enquanto aos

A formação de um líder é uma questão de vida 53

olhos de todos ele havia se tornado uma espécie de errante fugitivo do exército real, Samuel era o único que realmente sabia quem era Davi. Com Samuel, na perspectiva de Davi, morria também sua identidade como o ungido de Deus. Embora o texto não nos afirme explicitamente o efeito emocional em Davi, podemos perceber isso por sua reação para com Nabal. O mesmo Davi que havia sofrido por tantos anos uma perseguição injusta e havia se recusado a resolver a situação com suas próprias mãos, agora, diante de uma tolice, resolveu matar esse homem.

Neste momento Davi corria o risco de se deixar vencer pelo deserto. Mas a graça de Deus se manifestou em sua vida no encontro com Abigail. Misteriosa e graciosamente, esta mulher surgiu no caminho de Davi para relembrá-lo de sua identidade como chamado e ungido por Deus. Nas palavras de Abigail ele teve a reafirmação de sua vocação e a consequente retomada de foco. Nas palavras de Abigail ele foi desafiado a retomar o caminho de Deus em sua existência, até então caracterizado pela confiança no caráter de Deus e em seu cuidado para com a sua vida.

Não há tempo para discorrer sobre toda a vida de Davi, mas creio ser importante lembrar que, mais tarde, quando já estabelecido como rei de Israel, ele foi novamente exilado no deserto para proteger-se de seu próprio filho, Absalão. Certamente, para Davi, esta foi uma experiência vivida em um deserto não meramente geográfico, mas principalmente existencial. A rebelião de seu próprio filho revelaria sua fragilidade e limitação na esfera familiar. Se o enfrentamento de crises já representa um momento de dificuldades, muito mais quando elas apontam para nossos erros históricos e nossas limitações como pessoas.

Assim, os desertos foram, na vida de Davi, lugares nos quais Deus trabalhou muito mais nele do que por meio dele. Os desertos lhe relembraram quem estava no controle de sua vida, o levaram a reencontrar sua humanidade, o convidaram a reconhecer sua fragilidade e o sensibilizaram a perceber Deus em meio a um mundo caracterizado pela desolação e aridez. Assim, nos desertos Davi foi lapidado por Deus rumo à humildade, à dependência e à sensibilidade.

Convergência de vida

Inicialmente, quando do despertamento para a vida, um líder dedica-se a Deus das mais variadas formas e nas mais diferentes frentes de trabalho. Ao longo do desenvolvimento de seu ministério, por meio das mais diversas experiências, Deus o conduz a um certo amadurecimento. Esta fase caracteriza-se pela capacidade de discernimento de dons e habilidades, bem como pela consciência de que Deus não o chamou para fazer todas as coisas. A partir daí o líder é introduzido por Deus na fase que tenho denominado de *convergência de vida*.

Esta é uma fase caracterizada por esforço menor e efetividade maior. O líder alcança consciência de sua vocação histórica e decide viver sob este referencial. Existe, então, uma melhor articulação dos esforços em torno de determinados propósitos e das tarefas em torno de uma visão. Ganha-se também a percepção de que se é apenas uma parte da grande obra que Deus está fazendo na história. Obra esta que envolve muitos outros irmãos com capacidades e vocações diferentes e não menos dignas de ser admiradas, mas nunca invejadas.

Tenho aprendido a admirar os poucos homens e mulheres que, ao longo da vida, chegam a este período. Eles demonstram uma tremenda consciência de que Deus *os chamou* para fazer determinadas coisas, mas também de que Deus *não os chamou* para fazer a maioria das coisas. Lembro-me de uma conversa com Rev. Elben César quando lhe perguntei: "Reverendo, quando virá o próximo livro?" Ao que ele me respondeu: "Meu filho, todas as manhãs eu tenho orado a

A formação de um líder é uma questão de vida 55

Deus dizendo: 'Senhor, ajuda-me a não escrever o livro que não deve ser escrito; ajuda-me a não aceitar o convite que não deve ser aceito; ajuda-me a não fazer a viagem que não deve ser feita; ajuda-me a não pregar o sermão que não deve ser pregado'".

Temos que admitir que, aparentemente, a maioria dos líderes de nossa geração dificilmente chegará a esta fase de vida. Primeiro, porque fazemos parte de uma cultura que dignifica o velocista, na qual não existe espaço para maratonistas. No mundo em que vivemos tudo acontece muito rápido, novas ideias surgem a cada instante, novos livros são lançados toda semana, novas metodologias são criadas a cada mês, e tudo isso nos move na direção da rapidez em obter as informações e da esperteza em aplicá-las da maneira mais efetiva possível. Em contrapartida, a convergência de vida pressupõe a paciência e a perseverança de um maratonista, bem como sua convicção de que a vida é muito mais longa do que um dia, uma semana ou um mês.

Falando de Davi, é difícil afirmar que ele alcançou tal período; particularmente, creio que não. No entanto, o relato de 2 Samuel 7 representa uma grande oportunidade de convergência. O relato nos apresenta um rei que, após estabelecer seu reino e vencer seus inimigos, resolveu construir uma casa para Deus. Apesar de, inicialmente, concordar com tal intenção, o profeta Natã voltou no dia seguinte com uma palavra do Senhor para Davi:

> *Edificar-me-ás tu casa para minha habitação? [...] Tomei-te da malhada, de detrás das ovelhas, para que fosses príncipe sobre o meu povo, sobre Israel. E fui contigo, por onde quer que andaste, eliminei os teus inimigos diante de ti e fiz grande o teu nome, como só os grandes têm na terra. [...] Quando teus dias se cumprirem e descansares com teus pais, então, farei levantar depois de ti o teu descendente, que procederá de ti, e estabelecerei o seu reino. Este edificará uma casa ao meu nome, e eu estabelecerei para sempre o trono do seu reino. Eu lhe serei por pai, e ele me será por filho... (2Sm 7.5, 8s,12-14).*

Por meio destas palavras Deus trouxe à consciência de Davi o fato de que ele, Deus, é quem estava edificando uma casa para Davi, e não o contrário. Quem precisava de casa não era Deus, mas o próprio Davi. Por meio da descendência deste Deus, estabeleceria uma casa eterna, à qual Davi pertenceria.

Se as atitudes posteriores de Davi não demonstraram que a afirmação de Deus, por meio do profeta, foi seguida por uma maior consciência de sua vocação histórica e consequente convergência de vida, em suas últimas palavras Davi parece apontar para a compreensão disso quando afirmou:

> ... *é como a luz da manhã, quando sai o sol, como manhã sem nuvens, cujo esplendor, depois da chuva, faz brotar da terra a erva. Não está assim com Deus a minha casa? Pois estabeleceu comigo uma aliança eterna, em tudo bem definida e segura* (2Sm 23.4s).

SENSIBILIDADE, CONFIANÇA, SUBMISSÃO

Escrevendo este texto, confesso que, muitas vezes, fui tentado a desistir ou a mudar de tema. Em minha alma existiu um constante receio de ser mal compreendido e de alguns entenderem que a proposta aqui é comparável aos famosos quatro passos para o sucesso ministerial. Paralelamente, outro receio é entenderem que, na vida de Davi, os períodos propostos se encaixam perfeitamente e transcorrem de maneira linear.

Se a vida é o ambiente no qual Deus forma seus líderes, precisamos considerar que ela não é caracterizada por eventos programáveis ou situações previsíveis. Da mesma maneira, a Palavra não tem a intenção de nos apresentar homens e mulheres de Deus que chegaram onde chegaram por serem, de fato, muito bons. Não! A Palavra nos mostra homens e mulheres movidos pela graça na direção dos propósitos de Deus, apesar de suas motivações e limitações. A Palavra nos apresenta vidas surpreendidas pelos eventos não programados e pelas situações imprevistas.

Assim, creio que pensar na formação de um líder como um processo de vida é, primeiramente, um convite à sensibilidade. Sensibilidade para com a ação de Deus em nossas vidas; para com o extraordinário, bem como para com o ordinário. Sensibilidade para perceber Deus se movendo por meio das circunstâncias que nos envolvem, das pessoas que conosco convivem e dos desafios com os quais nos deparamos.

Em segundo lugar, creio que pensarmos na formação de um líder como um processo de vida é um convite à confiança. Confiança no caráter do Deus que está no controle da vida e do processo de lapidação de nosso coração. Muitas situações com as quais nos deparamos ao longo da vida geram em nós ansiedade para com o futuro e questionamentos quanto ao amor de Deus para conosco. No entanto, quando exercitamos a confiança no caráter de Deus somos levados a dizer, diante de situações complexas: "Senhor, não consigo entender o que está acontecendo, mas quero declarar que confio no teu caráter. Segundo tua palavra, o Senhor não é Deus que não termina a obra que inicia. Nisto deposito minha confiança".

Em terceiro lugar, creio que pensarmos na formação de um líder como um processo de vida é um convite à submissão. Submissão à ação de Deus em nossas vidas. Rendição nas suas mãos soberanas e graciosas que nos conduzem a pastos verdejantes e águas tranquilas. Somente quando percebemos Deus em nossas vidas e confiamos em seu caráter é que podemos, de fato, nos submeter integralmente a ele, à sua vontade e à sua missão. Diante disso, liderar torna-se a arte de usar as capacidades dadas por Deus para influenciar um grupo específico de pessoas na direção dos propósitos de Deus para suas vidas.

Peneirando líderes, formando pastores

Ricardo Barbosa de Sousa

A PALAVRA *LÍDER* OU *LIDERANÇA* APARECE, em algumas versões da Bíblia, apenas no Antigo Testamento e sempre para descrever uma função de comando ou chefia. É uma expressão relativamente nova. Isso não quer dizer que não possa ser usada para descrever ou definir aqueles que têm alguma responsabilidade na igreja. Na verdade, é hoje a expressão mais usada. Dezenas de encontros e congressos para líderes são organizados a cada ano. São pastores e pastoras, missionários, presbíteros e presbíteras, diáconos e diaconisas, jovens, em busca de modelos, técnicas, orientação, conselhos para um melhor desempenho de sua liderança.

É bom ver o surgimento de tanta gente disposta a contribuir de alguma maneira para o crescimento da igreja, amadurecimento dos cristãos, proclamação do Evangelho. É o sacerdócio de todos os cristãos em prática. Todos consideram-se, de uma maneira ou outra, líderes (é a expressão que conseguiu quebrar o monopólio do clero), assumem responsabilidades, desenvolvem projetos, buscam apoio, convocam, distribuem tarefas e põem um grande exército em marcha para realizar a obra de Deus.

No entanto, apesar do grande número de cursos, seminários e congressos de formação de líderes, e a despeito de todas as novas ferramentas e técnicas modernas usadas para um melhor desempenho da liderança, ouvimos frequentemente os apelos das igrejas de que precisam de líderes. Embora contem com inúmeros recursos e pessoas bem treinadas no exercício da liderança, há um vazio, alguma coisa está faltando. Algo que não está sendo preenchido pelos líderes, nem pelas técnicas modernas de gerenciamento.

As igrejas estão mais organizadas. Professores de escola dominical são mais bem preparados e contam com material didático de última geração. Os líderes leigos trazem em sua bagagem um sofisticado preparo profissional que colocam a serviço da igreja. Pastores com cursos de comunicação se apresentam impecáveis, com seus ternos bem talhados, voz empostada e movimentos ensaiados. Televisão, rádio, websites, marketing, tudo isso e muito mais está sendo usado pela nova liderança. Mas ainda falta alguma coisa.

O que falta não me parece ser alguma nova técnica que ainda não foi incorporada ou algum curso que ainda se deva fazer. O grito das ovelhas é por pastores. A liderança que temos hoje, ou melhor, o modelo de líderes que temos buscado não está satisfazendo os anseios das almas das ovelhas de Jesus Cristo. Temos boa tecnologia, bons administradores, bons professores, excelentes gerentes que tocam a igreja... Mas não temos pastores.

Sim, temos pastores. Eles estão aí nas igrejas, pregando domingo após domingo, celebrando os sacramentos, administrando os programas, mas perderam o contato com a alma do povo. São líderes, não pastores. Estão mais preocupados com o empreendimento religioso, o gerenciamento dos projetos, o entretenimento espiritual, o crescimento da igreja. O que fazem tem apenas uma remota lembrança do que os pastores da igreja têm feito nestes últimos vinte séculos.

Líderes e pastores não são sinônimos. Podem, às vezes, significar a mesma coisa, mas podem também representar polos opostos, realidades distintas. Pretendo aqui buscar um resgate da figura do pastor, daquilo que entendo seja a vocação pastoral. Reconheço que os pastores são líderes; apenas quero protestar contra um modelo de liderança que considero nocivo, talvez até letal para a igreja. Mesmo que a palavra "líder" não seja a mais adequada para a definição da vocação pastoral, ela já foi incorporada em nosso vocabulário. Vou usá-la e, ao mesmo tempo, criticá-la. Vou empregá-la para referir-me a um modelo bíblico de liderança, mas vou usá-la também para criticar os modelos que corrompem nossas heranças mais antigas. Algumas vezes vou usar a palavra "líder" como oposição ao "pastor". Isso não significa que pretendo abolir seu uso, apenas dar a ela um significado mais claro no contexto da igreja e da vocação pastoral.

Passando Pedro pela peneira

Jesus certa vez disse a Pedro: *"Simão, Simão, eis que Satanás vos reclamou para vos peneirar como trigo! Eu, porém, roguei por ti, para que a tua fé não desfaleça; tu, pois, quando te converteres, fortalece os teus irmãos"* (Lc 22.31s). Foi uma conversa misteriosa, sem muito sentido para Pedro. Ele respondeu reafirmando sua coragem e determinação em continuar lutando até a morte pelo seu Mestre.

Pedro era uma pessoa de personalidade forte, decidido, corajoso, despojado. Tinha ideais claros e estava disposto a lutar e, se fosse necessário, morrer por eles. Era o tipo de pessoa que se entregava com todas as suas forças àquilo em que cria. Não tinha medo. Pelo menos não o demonstrava. Pedro era um líder.

Era o tipo de pessoa que qualquer sindicato ou organização gostaria de ter como líder ou, na pior das hipóteses, como um aliado. Sem dúvida, seria a pessoa ideal para liderar uma igreja, conduzir um rebanho, realizar a obra de Deus, enfrentar os inimigos, proclamar o Reino. Sua determinação e paixão levariam qualquer comunidade a realizar uma grande obra missionária.

Jesus encontrou-se com ele em uma última conversa, depois de três anos de convivência, amizade, pastoreio e discipulado, e lhe disse que Satanás "queria peneirá-lo". E mais: que ele, Jesus, não iria impedi-lo, apenas permaneceria orando para que o discípulo não perdesse a fé. Pedro reagiu, reafirmando sua já conhecida coragem, dizendo que nada, nem a prisão ou mesmo a morte, iria afastá-lo do compromisso de seguir seu Mestre, de ir até o fim e defendê-lo.

Jesus respondeu de maneira enigmática dizendo: *"Afirmo-te, Pedro, que, hoje, três vezes negarás que me conheces, antes que o galo cante"* (v.34), e encerrou a conversa com esta afirmação. Imagino que Pedro tenha ficado ali pensando: "Ele ainda não me conhece. Depois de três longos anos e todas as provas de lealdade e fidelidade que demonstrei, da coragem que sempre tive, ele ainda pensa que vou negá-lo". Pedro mal sabia que, a esta altura, já estava sobre a peneira.

Pouco depois desta conversa, Jesus foi preso. A coragem de Pedro sofreu um primeiro golpe. Geralmente as pessoas afirmam sua coragem quando esta não lhe é requerida. Pedro, então, avaliou melhor suas declarações. Será que valia a pena morrer por um projeto que fracassou? Lutar por um condenado? Diante dos riscos que Jesus enfrentou com o julgamento, sempre surgem novas perguntas, alternativas, possibilidades.

Aquilo que parecia ser um caminho claro e vantajoso, foi tomado de suspeitas e riscos. Para Pedro, Jesus seguia um caminho que, a seus olhos e observando todos os fatos políticos e sociais, era um caminho que valia a pena seguir e lutar. Pedro estava seguro de que

Jesus tinha um projeto político. Seria proclamado rei, assumiria o trono de Davi, estabeleceria um reino justo e acabaria com o domínio romano sobre os judeus. Certamente haveria resistências, traições, golpes, mas Jesus já havia dado provas de que Deus estava com ele, de que aquele caminho gozava da bênção do Todo-Poderoso.

Mas Jesus foi traído e preso. Pedro não contava com isso. As esperanças de um povo politicamente liberto e um reino de justiça e paz, como havia sido o de Davi, desapareceram. Desapareceu também a coragem. Agora Pedro seguia Jesus de longe. Acompanhou como um observador desconfiado o desenrolar dos acontecimentos. Já não se expunha mais. Enquanto Jesus caminhava em direção à casa do sumo sacerdote, Pedro caminhava incógnito entre a multidão, confuso, inseguro e sem saber o que fazer. Um grupo acendeu fogo no meio do pátio e Pedro, discretamente, se acomodou entre eles. A conversa era sobre a prisão de Jesus. Pedro ouvia atentamente sem emitir opinião alguma. Passou por ali uma empregada que o reconheceu como alguém que fazia parte do grupo que andava com Jesus. Pedro negou. *Mulher, não o conheço*, diz ele (Lc 22.57). Ser identificado como amigo, membro do grupo de Jesus, àquela altura era perigoso. Alguns minutos depois, outra pessoa que passava por ali, vendo-o, comentou: *Também tu és dos tais* (v.58), insinuando que Pedro fazia parte do grupo de conspiradores políticos que planejavam o golpe. Pedro protestou e, mais uma vez, negou. Depois de uma hora outra pessoa o reconheceu e afirmou: *Também este, verdadeiramente, estava com ele, porque também é galileu* (v.59). Ficou mais difícil negar. Pedro era um galileu, fazia parte dos descontentes, da classe mais pobre de Israel, dos que subiram com Jesus para Jerusalém para o proclamarem rei. Pedro estava ali com Jesus entrando em Jerusalém. Mais uma vez, porém, ele negou, insistiu em dizer que não conhecia Jesus. E, enquanto ainda estava se explicando, tentando tirar qualquer dúvida sobre sua cumplicidade com o Mestre, o galo cantou.

Jesus, de onde estava, olhou para o pátio e fixou os olhos em Pedro que também, sem querer, acabou cruzando seu olhar com o do Senhor. De um lado, o olhar amoroso, misericordioso, porém penetrante e revelador de Jesus, que desmascarou, desnudou e levou Pedro a reconhecer seu caráter, sua personalidade, a verdade sobre quem era. Do outro lado estava Pedro, lembrando de cada palavra de Jesus, encarando sua própria falsidade, covardia, prepotência e orgulho. Era a peneira cumprindo seu papel.

Depois daquele olhar, Jesus e Pedro não se encontraram mais. Jesus foi condenado e crucificado. Pedro agora teria que conviver com a dura realidade de quem era, realidade revelada pelo olhar, pela covardia, pela peneira. Jesus morreu e Pedro não foi sequer preso. Não foi com Jesus até o fim, não enfrentou inimigos nem acusadores. Aquele homem forte, corajoso, arrogante, prepotente, soberbo, autossuficiente, seguro, valente, deu lugar a um homem fraco, confuso, desmascarado, humilhado e quebrado.

A história continua. Alguns dias mais tarde, Pedro e alguns amigos voltaram a pescar. Ele, que tinha deixado a pescaria para se transformar em pescador de homens, voltou para sua velha profissão. Não havia mais esperança, só a antiga rotina. Depois de trabalhar toda a noite sem sucesso, logo nas primeiras horas da manhã ouviram uma voz da praia perguntando se tinham pescado algo. Eles responderam que não. Então, a mesma pessoa pediu que lançassem suas redes do lado direito do barco. Assim fizeram e a recolheram cheia. Era a senha – João reconheceu que era o Mestre. Ao ouvir que era Jesus, Pedro, que estava nu, colocou suas roupas, como Adão fez no paraíso para encontrar-se com Deus depois que teve consciência do seu pecado e nudez, e lançou-se ao mar ao encontro com Jesus.

Depois de comerem, Jesus teve outra conversa com Pedro. Novamente, olhou bem nos seus olhos e perguntou três vezes: *"Tu me amas?"* (Jo 21.15-17). Jesus o conhecia e Pedro sabia disso. Como iria responder a esta pergunta? Poucos dias antes ele o negara covardemente, depois de afirmar que morreria por ele. Não podia mais enganar, tripudiar, impressionar com palavras de ordem, declarações rompantes. Era agora um homem fraco e desnudado. Qualquer que fosse sua resposta, ele sabia que não poderia mais enganar; mesmo que não respondesse nada, ele sabia que Jesus conhecia a verdade. "Tu me amas?" Não é uma pergunta fácil de ser respondida, principalmente quando quem pergunta nos conhece completamente.

O verbo amar vem perdendo sua beleza, poesia e verdade. Foi vulgarizado. É usado mais para coisas do que pessoas. Amamos lugares, roupas, joias, comidas, viagens, ideais, projetos, mas resistimos a amar homens e mulheres, pessoas com quem nos relacionamos. Mais difícil ainda é amar quem nos conhece, quem não se deixa enganar. Jesus, nesta pergunta, resgatou a dignidade do verbo, perguntou a Pedro por seus sentimentos mais sinceros e verdadeiros em relação a ele. Santo Agostinho dizia que, se quisermos conhecer alguém, não devemos perguntar o que essa pessoa faz, mas o que mais ama. O amor revela quem somos. Perguntar a Pedro se seria capaz de sofrer ou até morrer por Cristo, certamente encontraria uma resposta positiva. Mas perguntar se o amava, e se o amava mais do que os outros amavam, a resposta já não era tão simples. Jesus não perguntou se Pedro amava suas doutrinas ou, quem sabe, seus ideais e missão. A pergunta foi pessoal e exigia uma resposta igualmente pessoal.

Ao responder a esta pergunta Pedro estabeleceu um novo relacionamento com Cristo. *Senhor, tu sabes todas as coisas, tu sabes que eu te amo*, foi a resposta (Jo 21.17). Jesus sabia de tudo, conhecia tudo. Sabia que Pedro era covarde, inconsistente, prepotente, autossuficiente, orgulhoso. Sabia que seu amor não era perfeito, que ele era fraco e limitado. Porém, mesmo sabendo de tudo isso, sabia também que ele o amava.

Pedro passou pela peneira. Aquela pedra bruta, arrogante e segura de si deu lugar a um coração simples, amoroso, dependente e entregue. Foi peneirado. Jesus estava mais interessado nesta areia fina e frágil que escorria do outro lado da peneira do que na pedra bruta, sólida e firme que Pedro era. Agora ele poderia ser ordenado, receber de Cristo sua vocação, cuidar do rebanho do Senhor. O líder precisa passar pela peneira. É somente do outro lado que ele recebe do Senhor sua vocação e se transforma em um pastor/líder. Jesus, em outras palavras, estava dizendo: "Olhe, Pedro, eu sei que você é uma pessoa determinada, forte, lutadora; sei que você foi treinado entre os zelotes para ser um líder, para implantar pela força um novo reino, restabelecer a justiça e libertar os oprimidos do seu povo. Mas, sabe, quando o chamei lá na margem do mar da Galileia, onde você e seu irmão André pescavam, eu disse que faria de você um pescador de homens, e homens não se pescam com esse tipo de isca a que você está acostumado. Na verdade, Pedro, você nunca me impressionou. Sua força e determinação não fizeram de você uma pessoa especial, diferente, mais qualificada do que os outros. Eu conheço bem a natureza humana. Naquele dia em que eu disse que você me negaria três vezes antes que o galo cantasse, eu sabia que sua coragem era limitada, que estava mais interessado nos seus projetos políticos do que em mim e no meu Reino. Eu sabia que você me negaria. Foi necessário deixar que Satanás o peneirasse, que deixasse para trás as impurezas de um modelo de liderança muito mundano, sustentado apenas em você e na sua coragem egoísta e limitada. Agora, que você sabe que seguir-me inclui um calvário e uma cruz, sabe também que terá que confiar em mim, depender de mim para continuar me seguindo e pastoreando minhas ovelhas".

O paradigma de liderança que temos hoje assemelha-se muito mais ao velho Pedro. Admiramos o poder, valorizamos a grandeza, damos preferência aos mais competentes e autossuficientes.

Gostamos das pessoas fortes, seguras, independentes, arrojadas. A cultura contemporânea despreza o frágil e o dependente. As igrejas buscam para pastores líderes mais jovens, com grandes projetos, brilho próprio, capazes de levar a igreja para onde quiserem. Devem ser animados, idealistas, carismáticos. O líder tomou o lugar do pastor. É mais profissional, tem sua vida orientada por projetos e ideais. É impessoal e tende ao narcisismo.

A profissionalização do pastorado

O pastor/líder hoje é um profissional. Tende a ser mais impessoal e funcional. Seus relacionamentos são determinados pelos projetos e planos que tem. Ama o que faz e se realiza no seu trabalho. As pessoas são amigas na medida em que apoiam e se envolvem com sua visão e seus ideais. Seu rebanho é constituído por aqueles que o bajulam. Suas amizades são superficiais, suas conversas geralmente giram em torno do trabalho, orçamento, planos, programas e estatísticas. Sua percepção do ser humano é limitada e utilitária. Fala muito pouco de si, está mais preocupado com sua imagem pública do que com relacionamentos pessoais e íntimos.

O profissional tende também a ser um especialista. Sua vida é orientada por projetos: crescimento de igrejas, avanços missionários, educação teológica, grupos familiares. São atividades comuns e necessárias na vida das igrejas. No entanto, o especialista procura envolver-se somente com aquilo que lhe é específico e para o qual se sente competente. Não tem tempo para o que considera pequeno e inexpressivo, como as visitas aos enfermos, oração com os idosos e aniversário das crianças. Para estas atividades ele contrata auxiliares. Sua linguagem é técnica, gerencial, acadêmica e o tempo é medido pelas conquistas e realizações.

O líder profissional é avaliado (por si e pela comunidade) pelo desempenho, resultados, estatísticas. Devido a essa forma de avaliação é um pragmático, só reconhece como verdadeiro aquilo que pode ser medido objetiva e quantitativamente. A produtividade tornou-se o grande ideal. E, a partir do momento em que um líder não confia mais em nada que não seja pragmático, o meio e o fim são revertidos. Preocupa-se mais com o projeto e não com as pessoas, mais com o sucesso e não com relacionamentos, mais com estatísticas e não com conversão. A Bíblia e a oração deixam de ser meios de relacionamento e se tornam ferramentas de trabalho.

Sua relação com a comunidade é contratual. Mesmo não havendo um contrato redigido, com cláusulas, direitos e deveres (em algumas igrejas isso já existe), o princípio contratual é o que define as bases do seu relacionamento. Entre o líder e a comunidade existe um contrato, uma relação de direitos e deveres que deve ser mantida para preservar o bom andamento da comunidade. O problema que surge é que, uma vez que o contrato não é explícito, cria-se uma agenda secreta, expectativas não reveladas, o que torna o relacionamento entre eles tenso e confuso. Na relação entre um médico e seu paciente, ou entre um advogado e seu cliente, há expectativas de ambas as partes. O paciente ou cliente espera ser atendido com dignidade e que o profissional encontre a causa e a solução para o seu mal. O profissional, por sua vez, espera ser bem pago pelo atendimento e competência. Ambos terminam o encontro satisfeitos. Já entre um pastor ou líder e sua igreja nem sempre as expectativas são claras. As pessoas, muitas vezes, buscam um pastor para ser consoladas, ouvidas, acolhidas e encontram um burocrata que fala mais do que ouve, que oferece receitas e fórmulas para problemas que ele não conhece e que raramente tem tempo para acolher e amar. O pastor espera ser recompensado pelo seu esforço e, muitas vezes (eu diria que na maioria das vezes), ouve críticas e reclamações, considera-se mal remunerado, explorado e não compreendido. Em uma relação contratual vence aquele que tem mais poder, que consegue manter a maioria do seu lado; daí a tendência do líder em optar pelo controle e manipulação. Uma vez no controle, deixa de amar e relacionar-se.

O modelo bíblico de relacionamento é a aliança, não o contrato. Esta é a maneira que Deus escolheu para relacionar-se conosco. No contrato, primeiro vêm as obrigações, os deveres, e depois a amizade e a comunhão. Se cumpro com minhas obrigações, se satisfaço as expectativas, sou, então, agraciado com o respeito e a admiração. A amizade e o respeito são condicionais, dependem do meu desempenho. Já, no modelo da aliança, primeiro vêm a amizade, o respeito e a comunhão e, como resposta ao amor, servimos e cumprimos com nossas obrigações. A aliança começa com o amor incondicional de Deus. As obrigações da aliança não são condições para o amor, são respostas ao amor. Já no contrato as obrigações são uma condição para o amor. Nas relações contratuais normalmente dizemos: "Se você fizer... ou se comportar... ou cumprir... então, e somente então, será amado, respeitado e poderá gozar da nossa amizade". Na aliança ouvimos Deus dizer: "Eu amo vocês, dei minha vida por vocês, carreguei sobre meus ombros os pecados de vocês, perdoei e salvei; portanto, obedeçam meus mandamentos, façam a minha vontade, amem uns aos outros como eu amei vocês". Na gramática da aliança, a graça e o amor precedem as obrigações do amor e, tanto o amor quanto as obrigações decorrentes dele, na dinâmica da aliança, são incondicionais.

Henri Nouwen, em seu livro *Ministério Criativo*[11], apresenta três perigos ou armadilhas que esses líderes/pastores profissionais enfrentam. O primeiro é o perigo do concretismo. Trata-se da tendência ou inclinação de ter como motivação principal os resultados objetivos e concretos decorrentes das ações do ministério. Muitos líderes encontram-se frustrados porque os resultados que esperam nem sempre aparecem com a rapidez e objetividade que gostariam.

---

11 NOUWEN, Henri. *Ministério Criativo*. (Curitiba: Palavra, 2008.)

O profissionalismo nos induz a avaliar o ministério apenas pelos critérios da objetividade e da funcionalidade.

O segundo perigo é o do poder. Líderes profissionais encontram-se constantemente diante do perigo de criarem pequenos reinos para eles mesmos. O profissional necessita ser reconhecido, admirado, aclamado. Precisa sentir-se e preservar-se superior aos outros para mantê-los cativos e dependentes. Geralmente o líder profissional é cercado de admiradores, de dependentes emocionais, e não de amigos. O poder impede que se estabeleçam pontes de amizade e comunhão. O líder profissional que cai na armadilha do poder acaba tornando-se um antiministro da reconciliação.

O terceiro é o perigo do orgulho. O profissional reconhece que as mudanças precisam acontecer, empenha-se em converter as pessoas, mas é tentado a pensar que ele próprio não precisa de conversão. Em vez de reconhecer que é parte da comunidade que serve, veste a fantasia de "messias", intocável, sempre correto e justo.

Jesus olhou para Pedro e viu que, do jeito que era, não daria certo. No Reino que estava sendo inaugurado, na igreja que estava nascendo, o modelo não era aquele. Ele não estava interessado em "profissionais", mas em "amadores", naqueles que amam. Jesus mesmo já havia dado sinais disso mostrando a natureza do seu Reino, no qual *"... os últimos serão primeiros, e os primeiros serão últimos"* (Mt 20.16), e *"... o maior entre vós seja como o menor; e aquele que dirige seja como o que serve"* (Lc 22.26), pois ele *"... não para ser servido, mas para servir..."* (Mt 20.28). A dinâmica do Reino era outra.

Precisamos mudar a ênfase, carregada de valores e conceitos mundanos, que damos hoje ao líder, e resgatar a figura bíblica do pastor como modelo de liderança para a igreja, porque este modelo de liderança que temos acabou por secularizar a vocação pastoral. Os critérios que definem um líder derivam mais do mercado do que das Escrituras e das mais nobres tradições cristãs. É um modelo no qual o domínio e o controle prevalecem sobre o amor e a entrega; que se preocupa mais com a autorrealização do que com a santificação; promove mais o narcisismo do que o altruísmo. É um modelo no qual o líder precisa ser forte, é treinado para esconder suas fraquezas, enquanto no modelo bíblico ele aprende a conhecer suas fraquezas para depender mais da graça de Deus. É um modelo em que o líder busca refletir a si mesmo, é admirado por suas virtudes e competência, enquanto no modelo bíblico ele busca refletir a Cristo e levar os outros a admirarem e adorarem o Criador.

O pastor é o líder que passou pela peneira. Que aprendeu o caminho da dependência, que conhece suas fraquezas, que compreende que *a minha graça te basta...* (2Co 12.9). Os profetas do Antigo Testamento, invariavelmente, reconheceram suas fraquezas antes de ser ordenados profetas. Isaías, diante da contemplação da glória do Senhor e da constatação do seu pecado, disse: *... ai de mim! Estou perdido! Porque sou homem de lábios impuros, habito no meio de um povo de impuros lábios, e os meus olhos viram o Rei, o SENHOR dos Exércitos!* (Is 6.5). Foi depois desta confissão, depois do reconhecimento de seu estado e da sua necessidade de Deus que ele recebeu o chamado, a vocação, e respondeu a Deus: *... eis-me aqui, envia-me a mim* (Is 6.8). Com Jeremias não foi diferente. Depois de ouvir o chamado de Deus, respondeu: *... ah! SENHOR Deus! Eis que não sei falar, porque não passo de uma criança* (Jr 1.6). Jeremias considerava-se imaturo, incompetente, incapaz. Para ele, a tarefa era maior do que suas possibilidades, seria melhor que Deus escolhesse outro. Amós, antes de ser chamado para o trabalho profético, era um boiadeiro e colhedor de sicômoros. Ele mesmo reconheceu que nunca passou pela escola de formação de profetas, que foi Deus quem o tirou do seu trabalho simples e o mandou profetizar a Israel. Moisés, o líder libertador de Israel, hesitou várias vezes antes de obedecer ao chamado de Deus. Mesmo depois de receber todas as provas de que era realmente Deus quem o estava chamando e que haveria de conduzi-lo e abençoá-lo na difícil tarefa de libertação do povo do cativeiro egípcio, ele ainda pediu a Deus que enviasse outro no seu lugar.

Poderíamos citar mais exemplos, contar outras histórias, mas o que vemos na narrativa bíblica é Deus escolhendo as coisas simples, aquelas que nada são, os que reconhecem sua fraqueza, impotência e inadequação para realizar a gloriosa tarefa de evangelizar, profetizar, pastorear. Os critérios de Deus na escolha dos seus líderes não obedecem à mesma lógica do mercado. Ele escolheu o último da casa de Jessé, o menor, o menos qualificado, para ungir rei de Israel. Deus ainda prefere amadores.

O modelo do "servo sofredor"

É comum reconhecer Jesus como um exemplo de líder. Muitos livros são escritos explorando as qualidades e virtudes da liderança de Jesus. Alguns poucos são bons, mas a grande maioria lê os Evangelhos com os óculos dos interesses seculares. Veem Jesus como um grande empreendedor, ousado, usando recursos e estratégias modernas, obcecado por seus ideais. Seus projetos eram definidos, o treinamento obedecia a critérios objetivos de seleção e formação, seus ensinos cumpriam um programa claro, previamente preparado e didaticamente ordenado. Jesus era um bem-sucedido empresário religioso do seu tempo. São autores que conseguem extrair dos Evangelhos aquilo que Jesus nunca foi nem pretendeu ser.

Eu gosto da maneira como Isaías vê a liderança de Jesus. Pouco ou nada tem a ver com a literatura sobre o assunto. Ele escreveu quatro poemas nos quais descreve, com beleza e realismo, o ministério do Servo do Senhor. Normalmente buscamos na figura do rei ou executivo a imagem do líder que desejamos; Isaías nos convida a buscar esta imagem na figura do "servo sofredor".

No primeiro poema (Is 42.2-9) ele é apresentado como "meu servo", demonstrando que a identidade e o ministério de Cristo pertencem a Deus e não a ele. É Deus quem o chama, escolhe, sustenta e põe sobre ele o Espírito. O enfoque de Isaías está em quem o chamou e não nos resultados do seu trabalho. Na cultura do mercado, o chamado tem pouca ou nenhuma relevância na vocação; o que de fato importa são as credenciais, o curriculum, a competência, os diplomas. Tenho participado, em minha denominação, de uma comissão que examina os candidatos para o ministério. A responsabilidade é grande. São jovens que se apresentam para o pastorado, cheios de paixão e desejo de servir a Cristo. Apresentam seu histórico escolar, notas, monografia, exegese e demonstram conhecimento das doutrinas cristãs e da história e princípios de fé da igreja. No entanto, tenho observado que nossas preocupações recaem mais na avaliação destas credenciais acadêmicas e na competência hermenêutica do que no significado e consciência do chamado. Certamente, estas exigências de natureza intelectual, teológica e doutrinária são importantes, mas nunca foram o critério, a razão fundamental, a condição essencial da vocação pastoral. Isaías valoriza o chamado, ou melhor, quem o chamou. A credencial do líder cristão não se encontra nele, nem nas suas melhores intenções ou habilidades, mas no chamado divino.

Como resultado da iniciativa divina, espera-se do líder um compromisso com a justiça e o direito. Normalmente, o líder autovocacionado, aquele que acha que tem muito a oferecer a Deus e ao seu Reino, que se julga imprescindível para a igreja, tem um comportamento narcisista, busca mais sua autorrealização do que a justiça. A justiça e o direito são realidades abraçadas por aqueles que renunciaram seus próprios interesses e adotaram os interesses dos outros. É por isso que os profetas estiveram todo o tempo comprometidos com as causas dos oprimidos, pobres, presos, exilados e órfãos. Jesus, em todo o seu ministério, demonstrou uma grande compaixão e misericórdia para com os sofridos e oprimidos.

Ele lutou para preservar até a última centelha de esperança e fé nos mais fracos e desprezados. Sua vocação teve uma agenda simples e definida. Ele veio para abrir os olhos dos cegos, tirar da prisão os cativos e trazer para a luz os que vivem na escuridão. Tanto Jesus quanto os profetas fizeram isso porque tinham consciência de quem os havia chamado, para o que foram chamados, e abriram mão de sua própria reputação.

Outra consequência do seu chamado é que seu ministério será caracterizado pela rejeição à autopromoção e à histeria. *Não clamará, nem gritará, nem fará ouvir a sua voz na praça* (Is 42.2), não fará de seu ministério uma vitrine de sua vaidade. Ele vem para dar visibilidade a Deus e não a si mesmo. João Batista, preparando o caminho do Senhor, disse: *Convém que ele cresça e que eu diminua* (Jo 3.30). Jesus também afirmou que *"Quem me vê a mim vê o Pai..."* (Jo 14.9). Este é o espírito do líder cristão, do servo do Senhor: dar visibilidade a Deus e sua glória, não a nós. Em João 12.27-28, Jesus encontra-se com um dilema: sua alma está angustiada diante de seu sofrimento e morte. O que iria pedir em sua oração? Qual seria a sua súplica? Certamente, qualquer um de nós suplicaria por socorro, alívio, libertação. Jesus, no entanto, sabia que veio ao mundo com uma missão, um propósito, e orou ao Pai apenas dizendo: *"Pai, glorifica teu nome"* (v.28). Era a glória do Pai que lhe interessava, era à salvação que Deus estava trazendo ao mundo que ele queria dar visibilidade. A glória de Deus não é negociada nem repartida com seus ministros. Nossa atividade é manter os olhos dos homens voltados para Deus e a salvação em seu Filho, Jesus Cristo.

No segundo poema de Isaías (49.1-7) ele explora algumas realidades interiores do líder/pastor. É comum encontrarmos pastores deprimidos por sentirem fracassados, por não corresponderem às expectativas que têm de Deus ou mesmo das pessoas que pastoreiam. A sensação de inutilidade é frequente na vida dos ministros.

Seu trabalho, na maioria das vezes, não é reconhecido porque as realidades nas quais o pastor se envolve são, em geral, invisíveis, subversivas. Oração, direção espiritual, confissão, comunhão, reconciliação, sacramentos, principados, potestades, espíritos enganadores, etc, são realidades não visíveis. Nada disso pode ser colocado em um quadro estatístico, apresentado em um relatório. É por isso que muitas vezes os pastores abandonam sua vocação. Continuam no ministério, são chamados de pastores, pregam domingo após domingo, mas estão mais envolvidos com as atividades visíveis do que com as invisíveis. Técnicas de crescimento, orçamento, projetos e programas que dão visibilidade ao pastor.

O "Servo do Senhor" de Isaías sabe que muitas vezes seu trabalho não será reconhecido, aclamado, aplaudido, que nem sempre verá o retorno do seu esforço. Tem a sensação de inutilidade, de ter se esforçado em vão. Quem opta por dar visibilidade a Deus e não a si mesmo nem sempre prova o gosto do sucesso; e quem busca o sucesso, a aprovação e o reconhecimento dos outros corre o grave risco de corromper-se. Para evitar o risco da sedução do poder, da aprovação dos outros e do sucesso, mais uma vez ele reconhece que é Deus quem o chama e sustenta. Esse reconhecimento é fundamental para nos manter no caminho da vocação. O apóstolo Paulo sabia que era importante ouvir as críticas que as pessoas tinham quanto ao seu ministério, porém sabia que ninguém, nem mesmo sua própria consciência, tinha a palavra final, o último juízo. Somente Deus iria, no final da história, julgar os intentos mais secretos do seu coração e as motivações do seu pastorado (1Co 4.1-5).

O Servo de Isaías também sabe que seu chamado e vocação têm uma única finalidade: promover a glória de Deus. Enquanto este alvo permanecer claro para o pastor, o fracasso deixa de ser uma derrota. É somente assim que o pastor pode continuar trabalhando com as realidades invisíveis, conduzindo homens e mulheres à maturidade em

Cristo, resistindo aos apelos do sucesso e do entretenimento religioso. Na igreja, muitas vezes, as pessoas preferem o entretenimento, os programas que as manterão animadas, desconectadas da vida real. É tarefa do pastor ajudá-las a entrar em contato com a verdade, com o mundo real, com Cristo, com o pecado, com a redenção. Isso nunca foi glamouroso.

Os recursos do seu ministério, as ferramentas do seu pastorado, serão também dados por Deus. A vocação é um terreno do qual levamos muito pouco de nós e muito de Deus e sua graça. Na verdade, pastores e líderes devem se ocupar em ajudar as pessoas a reconhecerem aquilo que Deus está fazendo em suas vidas e levá-las a dar atenção a isso, e não ao que eles estão fazendo. É Deus quem age, salva, redime, transforma. Sua graça está constantemente realizando algo. Precisamos de pastores que nos ajudem a reconhecer, perceber, aceitar e provar aquilo que o próprio Deus realiza em nós. O risco que muitos líderes correm hoje é o de usarem seus próprios recursos, confiarem mais em si mesmos, dependerem mais da tecnologia e levarem os outros a dar atenção ao que estão fazendo e não ao que Deus está fazendo.

No terceiro poema (50.4-9) Isaías segue com o perfil do Servo do Senhor. Mais uma vez reconhece que o sofrimento sempre fará parte da vocação dos que servem a Deus. Dietrich Bonhoeffer dizia que "quando Deus chama alguém, ele o chama para a morte". De uns anos para cá o sucesso transformou-se em um princípio de definição e identidade pastoral. Livros, congressos, seminários são oferecidos para dar ao pastor as ferramentas para um melhor desempenho de sua vocação. Pastores "bem-sucedidos" são convidados a apresentar os meios e técnicas que transformaram suas pequenas e desprezíveis igrejas em grandes corporações e seus orçamentos mirrados em cifras gigantescas. Congressos de pastores às vezes assemelham-se às feiras nas quais os expositores apresentam as últimas novidades do mercado: novos modelos de grupos familiares, métodos infalíveis de crescimento da igreja, seminários para tornar a pregação mais cativante, a administração mais eficiente, a liderança mais competente. Manuais com técnicas e fórmulas de sucesso se multiplicam, a oração torna-se menos necessária e a igreja se assemelha mais a uma grande empresa do que a uma comunidade de irmãos.

Não quero que me interpretem mal. Eu mesmo participo de muitos congressos, dou palestras e seminários em muitos deles e tenho aprendido muito com isso. Quero apenas alertar para o perigo que corremos de transformar o sucesso, o crescimento, a competência e a técnica em um fim; de desistirmos do chamado de Deus na primeira decepção; de mudarmos sempre de igreja diante da primeira oposição. O nosso chamado envolve a renúncia e o sofrimento.

O Servo do Senhor de Isaías sabia que a rejeição faria parte de sua caminhada pastoral. Sua segurança viria da certeza do seu chamado e da justificação de Deus. Certo disto, ele não foge; pelo contrário, convida seus adversários a chegarem-se a ele. Quer conhecê-los pelo nome, saber quem são. Não esconde o rosto de quem deseja afrontar e cuspir. Ele não apenas sabe que será rejeitado, como também acolhe a rejeição e submete-se ao juízo divino. Este é um aspecto fundamental na vocação. Muitos pastores, diante das crises, decepções, traições e rejeições, abandonam a vocação, optam por um trabalho burocrático, mudam frequentemente de igreja. Um bom e generoso convite acompanhado de uma proposta salarial compensadora é a melhor saída para a crise de rejeição que muitos sofrem. No entanto, o "Servo Sofredor" aceita a rejeição, não foge dela, acolhe-a como parte de seu chamado. Enfrenta seus adversários e opositores não como se fossem inimigos, mas como instrumentos e alvos da graça e amor de Deus.

Mas, se de um lado ele sofre e é rejeitado, de outro é um erudito. Ele sabe ouvir e sabe falar. As ferramentas de trabalho do pastor são a boca e os ouvidos, ou, melhor dizendo, os ouvidos e a boca. Aprendemos a falar porque ouvimos. A mudez é uma consequência da surdez. Os mudos não falam porque possuem uma deficiência auditiva e, diante da impossibilidade de ouvir, não aprendem a falar. A erudição do Servo do Senhor é fruto de sua habilidade para ouvir. Sua palavra é boa e conforta o cansado porque seus ouvidos foram abertos. Ele ouve Deus, ouve seu coração e ouve o outro. Esta, sem dúvida, é a maior dificuldade dos líderes modernos. Falam, administram, organizam, leem, estudam, discutem... mas não ouvem. Ouvir é uma arte, um dom, requer disciplina, silêncio, reverência. Ouvir envolve recolhimento, acolhimento e meditação da palavra, seja ela de Deus ou de um amigo. Cria um relacionamento que se dá por meio da palavra ouvida e respondida e torna a palavra falada cheia de significado e beleza.

No quarto e último poema (52.13 – 53.12), Isaías descreve, com profundidade e poesia, o caminho de humilhação e exaltação do Servo do Senhor. O caminho da exaltação passa, inevitavelmente, pela humilhação. A imagem de Cristo que Isaías tece mostra a natureza do seu pastorado. Ele o descreve como alguém cuja aparência não trazia glamour algum, beleza alguma que chamasse atenção. Foi alguém experimentado na dor e no sofrimento, sabia o que era a morte e mergulhou com todas as suas forças nos abismos da tragédia humana. Sua intimidade com a dor era tanta que a rejeição e desprezo tornaram-se uma realidade constante. A igreja e o pastor são dados ao mundo para que este entre em contato com a realidade humana e com a graça de Deus. Quando a igreja se transforma em centro de entretenimento e o pastor, em profissional religioso, perdemos a necessidade de um Redentor. Na verdade, passamos a rejeitar o Redentor, a não querer mais olhar para sua face.

O Pastor de Isaías sofre porque carrega sobre si as dores e angústias de suas ovelhas. O modelo de liderança que temos hoje, fortemente influenciado pelos modelos gerenciais de resultado da empresa secular, preocupado com o crescimento e o sucesso, rejeita o modelo do "Servo Sofredor" de Isaías. Carregar as dores, angústias, dúvidas e desespero requer paciência, compaixão, espera. Quem se ocupa com o sucesso não tem tempo para socorrer, estender a mão, acompanhar e cuidar daqueles que não têm mais forças para caminhar. Líderes cujas vidas e ministérios são orientados e definidos por projetos pessoais, e não pelo rebanho de Cristo, aprendem, mais cedo do que pensam, a usar as pessoas e não a amá-las, descartando facilmente as que não são mais úteis.

A alegria do ministério não está nas realizações e conquistas pessoais, mas na redenção e salvação de homens e mulheres. Como já disse, o propósito da vocação pastoral não está em dar visibilidade ao que estamos fazendo para Deus, mas no que Deus está fazendo em nós. A tarefa do pastor é caminhar junto com irmãos e irmãs e buscar compreender e dar atenção ao que Deus está fazendo. O resultado final não é medido por estatísticas e desempenho, mas pela semelhança com Cristo.

Esses poemas descrevem um servo fraco, que depende de Deus para sustentá-lo e realizar sua vocação. Na linguagem de Henri Nouwen, ele é "o ferido que cura". É por causa das suas feridas que ele se torna capaz de tocar as feridas dos outros. À medida que mergulhamos em nossas próprias feridas e fraquezas e conhecemos nossas dores e limitações, criamos espaço para Deus e sua graça e nos tornamos capazes de acolher e consolar os outros. O Pastor de Isaías é o Servo ferido de Deus que se compadece de nossas feridas e as leva como se fossem suas.

A força que nasce da fraqueza

Jesus leva Pedro a conhecer a natureza do "servo de Deus" passando-o pela peneira, levando-o a conhecer a si mesmo e sua real dependência de Deus. O apóstolo Paulo também compreende esse princípio da peneira na formação do líder cristão. Na segunda carta que escreve aos coríntios, ele apresenta uma ampla defesa do seu ministério trazendo com ela uma definição coerente de sua vocação pastoral.

Paulo havia se dedicado ao trabalho pastoral com todo o coração, força e paixão. Deu-se à igreja e aos irmãos. Abriu mão do sustento a que tinha direito e de que era digno para não ser pesado entre eles. Mesmo quando passou por dificuldades, não fez qualquer exigência de natureza econômica. Deixou igrejas que o sustentavam para poder trabalhar de graça entre os coríntios. Fez o caminho inverso de muitos pastores modernos. Foi zeloso para com a igreja e também com a verdade do Evangelho que lhe foi confiado. Amou desinteressadamente e fez da aliança a forma de relacionamento com seus irmãos.

A crise de Paulo agravou-se quando alguns "líderes" chegaram a Corinto pregando outro Jesus, levando a igreja a aceitar um espírito diferente e a abraçar um evangelho estranho ao que Paulo havia pregado. A fé simples e pura que os coríntios haviam recebido de Paulo estava sendo seduzida e corrompida pelos "tais apóstolos". Como se isso não bastasse, Paulo percebeu que os irmãos ficaram fascinados, encantados com as novidades. Eram líderes orgulhosos, prepotentes, manipuladores, falsos e enganadores. Subiam nos púlpitos e falavam de si, contavam suas experiências fantásticas, muitas vezes falsas, deixando o povo maravilhado. Enquanto Paulo se humilhava para que as pessoas fossem exaltadas, estes líderes se exaltavam, humilhando as pessoas. Eram pastores que enriqueciam à custa da pobreza do rebanho, que alcançavam o sucesso manipulando pessoas de boa fé. Diferentes de Cristo, que ... *sendo rico, se fez pobre por amor de vós, para que, pela sua pobreza, vos tornásseis ricos"* (2Co 8.9).

Paulo foi um pastor que zelava pela igreja com o mesmo cuidado e carinho com que julgava que Deus o fazia. Sofria, como uma mulher sofre, as dores de um parto no longo caminho de formação espiritual dos seus filhos na fé. Trabalhava com a paixão e cuidado de um pai que prepara sua filha para entregá-la pura ao seu noivo. Era com este espírito que ensinava, discipulava, visitava, conversava, orava e escrevia. Nada disto ele fazia para si, pelo seu sucesso ou para sua própria glória; fazia pela igreja, por amor a Cristo, pela consciência que tinha de sua vocação. Trabalhava sem exigir qualquer pagamento. Abriu mão de igrejas que o sustentavam para dedicar-se, integralmente, ao anúncio do Evangelho da salvação. Mesmo quando passou por dificuldades reais, necessidades físicas, o amor pelo Evangelho e o zelo pela igreja o levaram a decidir não ser pesado a nenhum dos irmãos.

Era esse pastor que agora sofria com a presença de outros "pastores" que, em vez de buscar a glória da verdade de Cristo, buscavam sua própria glória e, para tanto, buscavam ser considerados iguais a Paulo, faziam-se passar por pastores, apóstolos, líderes. Diante deste quadro, Paulo os comparou ao próprio Satanás, cujo poder é capaz de transformá-lo em anjo de luz. A fronteira entre a vocação e a simulação é muito estreita. É mais fácil e mais comum deixar de servir para ser servido, de amar para controlar, de ser pastor para ser apenas um líder, de deixar de servir a Deus e se transformar em ministro de Satanás.

Por outro lado, a natureza ingênua e simples das pessoas de fé tem sido constantemente usada como degrau de falsos líderes. São irmãos e irmãs que, embora sinceros e verdadeiros, tornam-se tolerantes. Acho que não há lugar algum que concentre mais pessoas crédulas do que a igreja. Basta dizer, antes de qualquer afirmação:

"O Senhor me revelou", ou concluir com: "Em nome de Jesus", que tudo passa pelo teste da legitimidade e verdade. São afirmações mágicas, difíceis de contestar. Diante do temor de estar contestando o próprio Deus, as pessoas se calam, toleram e acabam sendo escravizadas, exploradas, impedidas de crescer e amadurecer. O problema é que muita gente prefere líderes assim. Resistem a crescer, preferem ouvir as falsas experiências dos outros do que ter as suas próprias experiências; preferem um líder arrogante, voluntarioso, vaidoso e autossuficiente do que um sábio, humilde, dedicado à oração e à meditação das Escrituras. Preferem um líder forte, determinado, decidido, que diz o que e como fazer, que exige sujeição e obediência, que manda e ordena, do que um que conduz à maturidade, que ajuda a andar com as próprias pernas, que promove os meios e as condições para que saibamos decidir e discernir com sabedoria. São pastores que apascentam a si mesmos, falam de si para si, inventam fábulas, criam experiências, simulam profecias, levantam a voz, gritam como se sua autoridade derivasse dos decibéis. Usam todos os artifícios possíveis e imagináveis para manter irmãs e irmãos cativos do medo e da ignorância, como crianças dependentes. Humilham, exploram e buscam sua própria glória.

Paulo percebeu que esses falsos líderes – ... *obreiros fraudulentos, transformando-se em apóstolos de Cristo* (2 Co 11.13), como ele mesmo os descreve – foram tomando seu lugar, foram ganhando espaço; e ele procurou se defender. Apresentou uma série de evidências que atestavam sua vocação: sua origem, chamado, sofrimentos por causa do Evangelho, dedicação ao trabalho, compromisso com a Igreja de Cristo. Como se nada disto bastasse, ele passou a contar as visões e revelações que havia tido no Senhor e, mantendo o tom humilde e discreto do seu discurso, falou de *alguém* que foi arrebatado até o terceiro céu e viu coisas inefáveis que não seria lícito narrar. No entanto, Paulo reconheceu que sua glória não estava nestas experiências, por mais verdadeiras e legítimas que fossem. Sua glória residia

Peneirando líderes, formando pastores

nas suas fraquezas, pois era por meio delas que ele experimentava a graça e o poder de Deus.

Paulo, aqui, elaborou de maneira clara o princípio da peneira. Na experiência de Pedro, como vimos, Jesus lhe disse que aquele modelo de liderança que ele propunha, que nasce da própria competência e autossuficiência, não servia aos propósitos do Mestre; ele teria que passar pela peneira, provar a humilhação, entrar em contato com sua fraqueza, aprender a depender de Cristo e encontrar o caminho da oração. Paulo também aprendeu a lição. Em vez de se vangloriar com suas experiências, visões e revelações e usá-las para garantir seu lugar, defender sua posição, apresentar-se superior aos outros, demonstrar sua autoridade, ele preferiu conhecer suas fraquezas e limitações e depender da graça de Deus.

Da mesma maneira que a negação de Pedro foi a peneira para que entrasse em contato com a realidade de quem era, Paulo também teve sua peneira. Era um "espinho na carne" ou "um mensageiro de Satanás", como ele reconheceu, que constantemente chama sua atenção para não negar quem era, para manter em perspectiva sua absoluta necessidade e dependência da graça de Deus, para jamais se vangloriar de si mesmo e das visões e revelações que havia recebido e para reconhecer que tudo, inclusive suas habilidades naturais, era dádiva de Deus. Era um espinho que constantemente o feria e o fazia se lembrar das suas fraquezas, do quanto era dependente, do quanto precisava de Deus para realizar o ministério que lhe havia sido confiado.

Para Paulo, a vocação nasce da fraqueza. Ou, melhor dizendo, a força nasce da fraqueza. Na medida em que entramos em contato com nossas deficiências, tornamo-nos mais conscientes da nossa dependência. A graça de Deus se manifesta nas lacunas de nossas fraquezas. Confesso que, quando vejo alguns questionários preparados para ajudar um cristão a descobrir seu dom espiritual, penso que o destino mais certo para eles é a lata de lixo. Nestes questionários você marca com "X" as opções que melhor definem seu temperamento, interesses, habilidades e, depois, soma os pontos e descobre o seu dom. Avançamos tanto neste campo que, hoje, descobrir o dom não requer mais oração nem a revelação do Espírito. Gostaria aqui de sugerir um questionário diferente, de maneira invertida, um que nos ajudasse a reconhecer aquilo para o qual nos sentimos completamente impotentes e inadequados. Uma vez descoberta nossa fraqueza, aí então buscaríamos Deus, experimentaríamos seu poder e graça e veríamos sua força brotando de nossas fraquezas. Aí sim, seria um dom, um presente, pois receberíamos aquilo que não tínhamos. É aqui, neste contexto, que o exercício do dom tira do líder qualquer pretensão de achar que a competência lhe pertence ou qualquer sensação de poder ou controle. Teríamos a certeza da obra de Deus, algo que somente o Espírito divino poderia fazer. Encontraríamos nosso dom espiritual.

Para Paulo, o dom era a manifestação da graça de Deus na fraqueza humana, era aquilo que somente Deus, por meio do seu Espírito, pode fazer por nós. É por isso que Paulo se interessava mais por suas fraquezas do que pela excelência das revelações. Suas fraquezas tornaram possível reconhecer que a graça de Deus basta, que precisamos desesperadamente dela, que sem ela continuaremos buscando meios e formas de poder, técnicas e fórmulas de dominação e correremos o risco de usar as pessoas, de manipular as vidas de irmãos e irmãs, de inventar experiências e corromper a nossa vocação. A graça basta e o poder se aperfeiçoa através da fraqueza.

Como já disse, os profetas não se viam qualificados para sua vocação. Somente quando disseram "não sei falar", "sou gago", "não passo de uma criança", "sou pecador", Deus fez deles profetas. Quando reconhecemos nossa incapacidade de amar, acolher, consolar e confortar, Deus faz de nós pastores. Quando reconhecemos nossa dificuldade de falar, nossa timidez e inadequação, Deus faz de nós evangelistas. Não quero que me interpretem mal. Sei que as habilidades naturais que temos são também dádivas de Deus e devemos usá-las no serviço do seu Reino, como instrumentos para abençoar a igreja. Quero apenas insistir na teologia da fraqueza de Paulo, no encontro com nossas limitações e a dependência da graça.

Ilustraria este conceito com minha própria história, chamado e vocação. Toda a minha adolescência e juventude foi marcada por um forte sentimento de rejeição decorrente de uma personalidade bastante tímida. Eu era uma pessoa alegre, cheia de amigos e, aparentemente, bastante extrovertida. Mas, dentro de mim, guardava o medo de ser esquecido, ignorado, abandonado. Medo de ficar de fora nas festas, nos times de basquete e futebol, de receber um fora das meninas. Desenvolvi minhas armas e mecanismos de proteção, maneiras de não sofrer com a timidez nem ser excluído. Este processo de defesa me conduziu naturalmente a tornar-me um líder. Tornei-me líder de juventude e, posteriormente, pastor.

Muitos anos depois, casado, pastor, exercendo o pastorado por mais de dez anos, ouvi de um amigo, um pastor e mentor espiritual, depois de uma longa conversa em que falamos sobre a minha adolescência e juventude, minha timidez, rejeição e inseguranças, que essa timidez era pecado e deveria ser tratada como tal. Argumentei dizendo que era apenas uma característica da minha personalidade, que eu era uma pessoa introvertida. Ele disse que não! Que a timidez era minha incapacidade de amar. Que eu não amava minha esposa, filhos, amigos e irmãos. Eu os dominava, mas não amava. O medo da rejeição fez de mim um controlador e não um amante. Era verdade.

Pela primeira vez entrei em contato com minha fraqueza. Tive de reconhecer que muitas coisas que minha esposa tentara me dizer em mais de dez anos de vida conjugal agora começavam a fazer sentido.

Percebi o quanto lutei minha vida inteira para superar meus complexos, meus sentimentos de inadequação, minha necessidade de aceitação e minha busca por reconhecimento. Reconheci também que minha opção pelo pastorado foi uma opção pelo poder, para continuar no controle e não ficar de fora. Ser pastor, nas minhas motivações mais secretas, era a maneira de garantir que jamais seria ignorado, excluído, rejeitado. Eu me esforcei para ser bom, conquistar a admiração e ser reconhecido.

Pela primeira vez orei confessando minha incapacidade de amar, doar e entregar-me. Precisava de Deus. Precisava de sua graça. Somente o poder de Deus poderia mudar minha vida. Quando, no meio de minha fraqueza, busquei Deus e supliquei por socorro, pude, então, provar de seu poder e graça. Deus fez em mim o que eu não podia fazer sozinho. Foi ali que comecei a compreender o significado da vocação pastoral, a afirmação de Paulo de que "não sou eu, mas Cristo". Por mais de dez anos havia sido um pastor. Pregava, celebrava os sacramentos, administrava os projetos da igreja, visitava e ensinava. Fazia as mesmas coisas que faço hoje. O que mudou, e mudou radicalmente em minha vida, foram as motivações, os relacionamentos, as prioridades. Nos primeiros dez anos, grande parte do que fazia, fazia para mim mesmo. Precisava provar, conquistar, afirmar. Hoje, tenho aprendido a fazer porque amo. Amo Deus, amo meus irmãos, amo a vocação que recebi de Deus. Tenho aprendido a não dominar ou controlar, mas a amar e ser amado. Reconheço que não é uma tarefa fácil. Preciso constantemente voltar a Deus e clamar por sua graça, pois continuo fraco e dependente. Não consigo caminhar sozinho. A partir da minha fraqueza, Deus me fez forte.

Não acredito que os anos anteriores a esta descoberta tenham sido inúteis. Deus faz tudo a seu tempo e, muitas vezes, usa nossas carências e necessidades para realizar seus propósitos. No entanto, é minha dependência, meu contato com minhas fraquezas, que me permite hoje ouvir: "A minha graça te basta". Do contrário, ouviria apenas meu ego, minhas ambições e meus medos. A peneira também passou pela minha vida.

Novos desafios

Temo pelos modelos de liderança que temos abraçado. Por pastores e líderes que valorizam o modelo heroico, empresarial, funcional, messiânico. Ministérios preocupados em fazer a igreja crescer, em gerenciar projetos e conquistar novos terrenos. No entanto, a igreja hoje não precisa de gerentes executivos, religiosos dinâmicos. Ela precisa de santos, mentores e diretores espirituais. De homens e mulheres que conhecem seu coração, tocam em suas feridas e se compadecem das feridas dos outros. Que dialogam com a alma, que conhecem a linguagem do coração, que conduzem o rebanho a pastos verdejantes e a águas tranquilas. Pastores que trilham o caminho da oração, da comunhão, do silêncio e da quietude. Isso não significa que não teremos que administrar, organizar, motivar. Faremos isso, mas sem perder de vista que o que interessa é Deus, seu Reino e glória e não nós e nossos projetos religiosos.

Onde estão os nossos pastores? Temos abandonado a vocação. Nossos mestres de hoje não são mais os piedosos Pais da Igreja, mas os modernos tecnocratas e "experts" em liderança empresarial. É curioso notar que, hoje, a palavra que mais desperta atenção e interesse não é mais a palavra dos pastores e mestres, mas a dos grandes executivos e bem-sucedidos homens e mulheres de negócio. Quando o presidente de uma grande multinacional, considerado o mais rico do mundo, faz algum pronunciamento, o mundo para e ouve atentamente. Poucos param para ouvir um pastor. No entanto, as pessoas continuam buscando sentido para a vida, desejando a comunhão, querendo amizades verdadeiras, buscando alguém que lhes ensine a orar, a olhar para Cristo, a conhecer o caminho da santidade. Pessoas estão morrendo, precisando de alguém lhes dê a mão e as ajude a morrer em paz. Estão doentes esperando que alguém as visite, traga conforto e esperança em Cristo. Todo domingo nossas igrejas estão cheias de pessoas com fome da Palavra de Deus e o que oferecemos é uma ou duas horas de entretenimento religioso, show gospel, propaganda de ministérios, receitas religiosas e falsas promessas de vida próspera e saudável.

Fomos chamados para pastorear, para conduzir homens e mulheres a Cristo, a se amoldarem à imagem dele. Esta é nossa tarefa, é para isso que nos preparamos, estudamos e ministramos. Para ver pessoas sendo cada vez mais semelhantes ao Filho de Deus, refletindo sua glória, sua humanidade perfeita. O modelo de líderes que Jesus busca precisa passar pela peneira, a pedra bruta precisa dar lugar a uma areia fina, frágil e dependente. O que definirá nossa vocação e o modelo de pastores/líderes que somos não será nossa competência, mas a humildade de olhar nos olhos de Jesus e dizer: "Senhor, tu sabes todas as coisas, tu sabes que eu te amo".

Diaconia da liderança

Carlos Queiroz

A liderança como uma das expressões de serviço

NA TENTATIVA DE PROPOR A LIDERANÇA como uma das expressões de serviço, uso o termo *diakonia*, uma palavra grega, que pode ser interpretada como serviço ou ministério. Espero comunicar bem a compreensão deste assunto ao expressá-lo com o título: "Diaconia da liderança".

Existe uma boa quantidade de literatura tratando do tema da liderança. Para que mais um texto? Que novidade animadora e desafiadora eu posso sinalizar nesta parte do livro? Trago uma novidade aos servos e servas assegurando-lhes que podem selecionar a liderança como mais uma das formas de serviço às pessoas. Em outras palavras todos os servos e servas são potencialmente mais capazes de servir do que "os monges e os executivos". As principais definições de liderança estão alicerçadas com a utilização de verbos como: inspirar, apoiar, mobilizar. Depois, compreendemos e reconhecemos um líder como sendo alguém que conquistou a confiança das pessoas, a partir do reconhecimento da sua integridade, do seu bom caráter, da sua capacidade de antecipar os acontecimentos e da sua competência de fazer acontecer uma missão compartilhada por um grupo de pessoas.

Depois que li o livro de James Hunter *O Monge e o Executivo*, que anima os líderes a serem servidores, e até imagino que isto seja possível, pensei em escrever outro sobre "O Coroinha e o Office-boy". Explico o porquê. Não se trata de uma réplica – é apenas uma maneira de falar de serviço a partir do público que serve e tem um potencial extraordinário para liderar. Se os monges e os executivos precisam ser lembrados sobre suas potencialidades em servir, os servos – coroinhas e office-boys, precisam ser desafiados a exercer suas capacidades para liderança.

Conheço mais servos que são líderes do que líderes servos. Pouca literatura é dedicada aos servos. Estou escrevendo aos servos. Meu propósito é animar as pessoas mais comuns a assumirem a naturalidade e potencialidade de liderança que possuem.

De um lado, James Hunter está afirmando que, os homens e as mulheres que assumem posições acima na pirâmide social, precisam praticar uma liderança de serviço. Do outro lado, estou afirmando que – as pessoas que já assumem na sociedade um papel de serviço, através de suas funções, precisam tomar consciência de suas capacidades de liderança e desenvolver ainda mais suas diversas habilidades. Com certeza, para os "coroinhas e office-boys", a prática da liderança enquanto servem, é muito mais possível e exequível do que para "os monges e os executivos". A tarefa natural dos monges e dos executivos é administrar e precisam ser lembrados da necessidade de servir. A tarefa natural dos coroinhas e office-boys é servir e precisam ser despertados para o potencial de liderança que possuem.

A essência mais básica da liderança, conforme estou propondo, é o cuidado especial e diligente para servir.

Liderança genérica

Quando afirmamos que uma determinada pessoa é líder, não significa um acréscimo de qualidade positiva à pessoa. Em geral, denominam-se de líderes, os chefes de gangues, os gestores de uma empresa, os sacerdotes de uma religião – seja para o bem ou para o mal – os líderes existem. Se estiver correto o conceito de que liderar é, basicamente, influenciar e apoiar pessoas, não estou incluindo em nossa compreensão de liderança os líderes que assassinaram pessoas. Não incluo, por exemplo, quem conquista a obediência das pessoas com as recompensas do mercado. Estes podem ser incluídos na categoria de gestores, gerentes, mas não líderes. Os líderes podem ser bons gerentes, mas nem todo gerente é um líder.

Os líderes são marcados pela capacidade de propiciar condições para o desenvolvimento e a realização das pessoas. Neste texto, apresento o líder como um ser humano dotado da capacidade de inspirar, apoiar e mobilizar pessoas para desejarem cumprir a missão que lhes foi concedida por Deus. Portanto, reconhecendo que existem também chefes de gangues, gestores do lucro, comandos exterminadores denominados de "líderes", preferi o termo "servo", e a liderança apenas como uma das formas de serviço.

Conheço pessoas que desenvolveram habilidades técnicas extraordinárias na gestão de grandes negócios, mas não conseguiram liderar suas vidas, não conseguiram respeito nos relacionamentos. Outros conseguiram, por um longo tempo, manter uma empresa funcionando à custa do sacrifício e remuneração injusta de seus trabalhadores. Esses gestores não se enquadram em nossa categoria de servos que lideram. Se são chamados de líderes, eu os coloco na categoria de liderança genérica.

Nem sempre o sacerdote é o grande líder da paróquia, nem sempre um goleador é o líder em um time de futebol. Muitas vezes um atleta tecnicamente mais limitado lidera o grupo. Isso vale para todos os agrupamentos humanos. Nem sempre o gerente de uma empresa, o pastor de uma igreja, são os líderes de suas respectivas comunidades. Conheci comunidades religiosas cujos líderes, reconhecidos e aceitos, eram pessoas com muita integridade, carisma, caráter, capacidade de influenciar as pessoas para o bem comum, e nem sempre assumiram qualquer função oficial.

Quem não conhece a história bíblica do jovem José do Egito? Foi vendido como escravo por seus irmãos, tornou-se servo na casa de um general, depois foi reconhecido por sua integridade e sabedoria, passando a ser uma espécie de Primeiro Ministro no Egito. Há outra história na Bíblia: uma adolescente pobre, prisioneira de guerra, vitimada pela exploração do trabalho, pôde mudar o curso da vida do General Naamã e as relações entre duas nações em pé de guerra. No Brasil, um motorista desvendou desmandos no governo do ex-presidente Collor de Melo e um caseiro foi peça importante para denunciar escândalos de corrupção, além de influenciar na concretização para a queda de um ministro do governo do ex-presidente Lula. São inúmeros os casos de pessoas anônimas mudando o curso da história. Aliás, são sempre elas que fazem parte da história não registrada. Se a liderança é marcada pela integridade, boas atitudes e caráter confiável, os servos da história foram líderes de fato e de verdade.

Há algum tempo li o livro *Os 7 Hábitos das Pessoas Altamente Eficazes*, de Stephen Covey, um dos mais vendidos no mundo na categoria de literatura de autoajuda. Neste livro, o autor dedica algumas páginas para estabelecer o valor da administração e a importância da liderança. Para ele quem administra cuida de métodos, quem lidera lida com

Diaconia da liderança

a vida e diretamente passa a ser uma inspiração para outros seres humanos. Quem administra faz as coisas corretamente, quem lidera faz a coisa correta. Seja como for, tenho observado que a maior parte da literatura que trata da questão da liderança, a enfoca na perspectiva dos resultados adquiridos em termos de lucro, sucesso, competitividade, e não como a arte de lidar essencialmente com seres humanos. Muitos na história estão incluídos como grandes líderes por feitos extraordinários, mas, na verdade, nunca lideraram pessoas. Líderes que não conquistam confiança pela grandeza do caráter que possuem, pela perspicácia estratégica de apoiar pessoas no desenvolvimento de todo o potencial que detêm, a fim de maximizar a capacidade de gerir o bem, são líderes genéricos.

Diante dos novos paradigmas de liderança, alicerçados na competitividade, autoconfiança, imagem de poderoso e descarte das dimensões humanas, necessitamos voltar aos valores e princípios do Jesus de Nazaré, para cairmos na categoria da liderança apenas genérica.

A liderança plasmada pela vida de Jesus Cristo de Nazaré

Compreendendo a liderança como a arte de inspirar e apoiar pessoas tendo como fundamento a conquista da confiança dos outros, assumo, com deslumbramento, ainda que sem nenhuma conotação religiosa, o exemplo de serviço de Jesus Cristo de Nazaré. Ele identifica-se como servo –"eu vim para servir e não para ser servido" (cf. Mt 20.28; Mc 10.45). A liderança era mais uma das formas de serviço que ele oferecia aos seus seguidores. Ele não era um líder servidor. Ele era um servo que fazia da liderança uma de suas maneiras de servir. Há pessoas com sérias suspeitas e reservas com o cristianismo e sobre a incoerência das instituições cristãs; mas, nem mesmo os opositores do cristianismo conseguem construir suspeitas confiáveis sobre os extraordinários serviços de Jesus Cristo de Nazaré prestados à humanidade. O que podemos aprender desse personagem servidor?

Nesta parte introdutória do texto, trago dois termos que tomo emprestado dos ensinamentos de duas pessoas por quem tenho especial admiração: Leonardo Boff fala em seus escritos sobre as pessoas "cristificadas". Manfred Grellert, um sábio e amigo de muitos anos, fala das pessoas "plasmadas" pela vida de Jesus Cristo de Nazaré. Aproveitando os dois termos – *plasmados e cristificação* –, estou tomando o termo *plasmado* para representar o processo em permanente transformação para o desenvolvimento da liderança; e, o termo *cristificação*, para representar a consolidação de virtudes, valores e bom caráter das lideranças mais humanas e confiáveis. Estou apontando um horizonte, uma linha infinita, uma espiral ascendente de crescimento e aprendizado contínuos, para quem deseja desenvolver suas habilidades de servir enquanto lidera.

Quando os discípulos de Jesus Cristo colocaram sobre a mesa o tema da liderança e da governança, ele elaborou suas respostas com ilustrações que anunciavam o serviço como sendo a tarefa principal da liderança. Todos os que seguiram seu exemplo sentiram-se motivados a inspirar outros a caminhar na mesma pisada. Além de apoiar pessoas para que suas vidas fossem mais encantadoras, Jesus Cristo conseguiu mobilizá-las para o cumprimento de uma missão que trouxe mudanças significativas para a história da humanidade. Muitas pessoas que fizeram diferença na história tinham como exemplo e inspiração para a missão assumida o perfil de Jesus Cristo de Nazaré.

Imitar Cristo continua sendo a opção de todo cristão comprometido: andar como ele andou, imitá-lo em tudo. Como ele mesmo disse: "... *aprendei de mim, porque sou manso e humilde de coração..."* (Mt 11.29).

Diaconia da liderança

E ainda: *"Assim como o Pai me enviou, eu também vos envio"* (Jo 20.21). Sua encarnação foi mais do que um milagre teológico, foi uma opção antropológica. E junto com o seu jeito de ser gente, Jesus protagonizou um novo estilo de vida, um modelo estratégico de liderança. Jesus exerceu sua missão, amando todos. Escandalizou muita gente por conviver com publicanos e pecadores (Lc 15.1s), esteve entre os marginalizados e desprezados pela sociedade.

A cruz foi, de maneira determinada, sua fascinação, o ponto de chegada, o fim da carreira. Foi na cruz que ele bradou o cumprimento da missão: *"Está consumado!"* (Jo 19.30) – projeto concluído. A cruz representa a vitória do amor, o triunfo do perdão, o exercício da misericórdia, a prática da pacificação ativa. Talvez por isso tenha sido considerada escândalo para os judeus e loucura para os gregos. Há um perfil moderno de liderança que jamais seria crucificado. Temos estilos de liderança em evidência, que Herodes, Anás e Caifás aplaudiriam sem reservas. Ou, quem sabe, receberiam como seus aliados e não como ameaça.

Para muitos, o modelo de liderança de Jesus de Nazaré saiu de moda. Já imaginaram um líder moderno confessando: *"Se alguém quer vir após mim, a si mesmo se negue, tome a sua cruz..."* (Mt 16.24). *"Bem-aventurados os que choram"* (5.4). Ou ainda as palavras de Paulo: *E foi em fraqueza, temor e grande tremor que estive entre vós* (1Co 2.3). Ou então: *Por que não sofreis, antes a injustiça?* (6.7). Você já imaginou Jesus formando sua equipe? Prioritariamente, rudes pescadores, não escolheu muitos sábios, nem muitos de nobre nascimento; convocou os desprezíveis, os fracos. (1.26-29). No modelo de Jesus, há chance para a graça de Deus operar, a despeito da equipe. Somente por meio de líderes marcados pela cruz, o mundo poderá entender um jeito diferente de se reconstruir uma nova humanidade. Toda liderança cristã eficaz deve incluir no currículo, a doutrina da encarnação e da cruz, bem como suas consequências e implicações.

Finalmente, estou considerando o servo que lidera, como sendo um tipo de pessoa que se realiza ao cumprir seu papel peculiar de tornar os seres humanos mais humanos:

- O ser humano é a matéria-prima do servo que lidera. E, se a "matéria-prima" dos líderes é o ser humano, o "produto final" que realiza esses líderes é o desenvolvimento máximo das pessoas quem servem pela habilidade da liderança.

- Não coloco na categoria de líderes servos, por exemplo, líderes que limitam, inibem o crescimento das pessoas, ou que, para realizar grandes projetos ou sonhos particulares, pisam e assassinam pessoas. Hitler, por exemplo, não entra em nossa lista. Pode ser considerado um excelente gerente, realizou projetos pessoais, atraiu muitos seguidores; mas, se assim fez, o fez contra a vida, logo não cabe em nossa categoria de servos que lideram.

- Os líderes podem também realizar projetos, podem ser identificados como excelentes gestores, mas o que caracteriza a "liderança servidora" é a sua capacidade de catalisar processos e oportunidades, a fim de que os seres humanos desenvolvam todas as suas potencialidades para o bem comum. Em geral, os servos que lideram agem assim e nunca souberam conscientemente o bem realizado.

1. O servo que lidera é um vocacionado a ser gente

Há um consenso muito evidente entre todos os estudiosos sobre liderança: ninguém consegue liderar outras pessoas se não gastar tempo, muito trabalho e sabedoria em liderar sua própria vida. Se a tarefa primária da liderança é amar, servir e influenciar pessoas, você é a primeira pessoa a desfrutar desta tarefa. O líder precisa ser motivado por seus valores, fortalecido pelo prazer de servir e se sacrificar. Liderar requer muita disciplina pessoal, investimento em conhecimentos diversos e, acima de tudo, conhecimento de si mesmo. Precisa cuidar de si, cuidar da singularidade mais profunda, não abrir mão da composição genética que nos veio como presente de Deus.

Pode parecer óbvio, mas preciso lembrar, especialmente aos líderes religiosos, que, por conta de seu papel, sua influência, carisma e poder tendem a ser vistos como divindades infalíveis, seres especiais que não sofrem, não perdem, não se cansam. Sentem necessidade de se mostrar sempre bem. Mas, gente que é gente, chora, se frustra, se deprime, se angustia, se perturba. Jesus de Nazaré foi, sem dúvida, o maior líder que a história da humanidade já conheceu. Ele mesmo falou de sua alma profundamente triste, chorou várias vezes, sentiu-se abandonado pelos amigos e até mesmo por Deus. Mas, em geral, tenho identificado nos últimos dias, um tipo de liderança religiosa bem diferente do modelo de Jesus de Nazaré. Pessoas que usa uma roupagem de autossuficiência, às vezes, me dando a impressão de terem perdido a vocação de ser gente. Parecem mais máquinas robotizadas, corpos produzidos do que seres humanos sensíveis para a vida.

Jesus, o Cristo, convocou vários discípulos e os ensinou por meio de palavras e atitudes. Ele conseguia manter uma estreita harmonia entre o que fazia e o que ensinava. Seus ensinos e práticas davam aos discípulos uma espécie de roteiro de vida, um guia a ser praticado. E no roteiro, Jesus priorizava a integralidade da vida. No conhecido Sermão do Monte, por exemplo, ele resgatou aspectos de nossa mais profunda humanidade, o sentido humano pleno, para o qual todos fomos criados. Criados para a vocação de ser gente. Não há nada mais significativo, sagrado, mais espiritual, mais bem-aventurado para o discípulo, do que redescobrir sua vocação humana.

A vocação humana da sensibilidade: *"Bem-aventurados os que choram..."* (Mt 5.4). A vocação apetitosa pela justiça: *"Bem-aventurados os que têm fome e sede de justiça..."* (v.6). *"Bem-aventurados os misericordiosos..."* (v.7), *"... os pacificadores..."* (v.9), *"... os limpos de coração..."* (v.8), *"... os mansos..."* (v.5). Valores não cultivados pelos desumanos.

Fora do projeto vocacional de ser gente, o ser humano é infeliz, não realizado com a vida. Ao discípulo, Jesus oferece a realização plena da existência humana. Bem-aventurado, "de bem com a vida", realizado por ser gente, suficientemente gente é: *"Todo aquele, pois, que ouve estas minhas palavras* (referindo-se ao Sermão) *e as pratica...",* disse Jesus (Mt 7.24). Assim, estamos nos dirigindo a líderes que tomam Jesus como modelo de vida. Estamos nos referindo a homens e mulheres que se confessam livres. Livres do domínio de si mesmos, despojados de orgulho, livres da escravidão das ideias maniqueístas, da manipulação de outros, livres de ter que explicar sua desventura ou de justificar o sucesso. Libertação que brota como refluxo do encontro com a Verdade. Ou, melhor dizendo, do encontro com o novo Caminho, a Verdade e a Vida. Reencontro com o caminho que nos faz descortinar a verdade da imagem de Deus dentro de todo ser humano. Imagem que, por conta do pecado, tornou-se maculada, enferma, marcada pela morte, longe da Vida. E, assim, muitos líderes vão vivendo, ou melhor dizendo, morrendo, literalmente morrendo, por existirem como coisas, máquinas eficientes a serviço de estruturas, esquemas, obras religiosas. Muitos morreram para a sensibilidade humana, para a alegria, prazer. Alguns não amam mais, outros não conseguem sorrir ou chorar. Como ser líder sem ser gente? E como ser gente fora do habitat natural dos humanos?

Apenas como analogia, imagine o sofrimento de um peixe ofegante, tentando romper os limites das águas, aceitando o desafio de, em nome da liberdade, sair andando pela areia da praia ou fazendo corridas nas calçadas ao redor dos nossos litorais? O peixe é livre dentro

Diaconia da liderança

d'água. Sua natureza se harmoniza com o mar ou os rios. Sem água o peixe limita-se a se debater descontroladamente até a morte.

E os seres humanos? Qual a natureza deles? Segundo as Escrituras, foram feitos *"à nossa imagem, conforme a nossa semelhança* [de Deus]*"* (Gn 1.26). E João, o apóstolo, na sua simplicidade diz: *"... Deus é amor"* (1Jo 4.8). Uma síntese racional da essência que não se explica. Seja como for, para o amor, pelo amor e por causa do amor fomos criados – esta é a natureza dos humanos. Como as águas estão para os peixes; os ares, para os pássaros; os galhos, para os macacos; assim o amor está para os seres humanos. Fora deste mar o homem apenas vegeta ofegante até ser consumido pela morte. Realmente livres são todas as mulheres e homens capazes de nadar no mar do amor. A liberdade das pessoas consiste em amar, mas amar parece paradoxalmente escravizador, pois nos prende ao outro, todavia, aí estão a natureza e o caráter do ser humano.

Para nós, humanos, sair do oceano do amor pode significar o começo da escravidão, o primeiro passo para a prisão. Sem o outro, tendemos à escravidão perpétua de nós mesmos. Isso seria liberdade se, porventura, tivéssemos sido criados para o individualismo, isolamento, enclausuramento, mas nós somos seres sociais por natureza. Para os humanos, viver em uma comunidade de amor é essencialmente antropológico.

A condição da alma é o ponto de partida para a liberdade de amar. Começa dentro de nós a capacidade de romper a escravidão. No porão da alma, e não fora, encontramos o oceano da liberdade – as demais liberdades: de expressão, de ir e vir, de voz e vez, são apenas desdobramentos da emancipação interior, que, em muitos casos, podem ser até interrompidas por fatores alheios à vontade humana, mesmo assim, a maior das liberdades fermenta-se, nada, voa na capacidade mental de viajar interiormente, para além das trivialidades e mediocridades dos preconceitos desumanos.

Os mais livres de todos os seres humanos foram, por muitas vezes, enjaulados e privados de outras liberdades, mas não da liberdade de ser gente – a esta, ninguém pode nos tirar o direito. As privações do "fazer" ou do "ter" podem até embotar as condições de "ser", mas nunca a sua mais profunda essência. Ser não depende de interferências externas, é uma condição natural da própria existência.

Jesus Cristo é o grande referencial da mais livre-aprisionada, pelo amor, de todas as liberdades. Na cruz, tendo as mãos e os pés cravados, sem a mínima vontade de ir e vir, deixou-se "vazar" pelo amor, pela ação pacífica, não violenta inerente à sua própria condição de ser manso e humilde de coração. Na cruz o amor dançou, cruzou montanhas, fendeu rochas, vazou corações quebrantados e petrificados, viajou da terra ao trono de Deus. Tem viajado pelo tempo e pela história. Jesus nadou no seu próprio mar – o mar da misericórdia, da doação incondicional, da bondade graciosa – preciosa. No oceano da cruz estava sua mais profunda liberdade de nadar livremente para amar, a despeito de ser paradoxalmente o lugar da morte, um campo geográfico limitadíssimo: duas rústicas madeiras com poucos centímetros de largura e comprimento um pouco maior do que o próprio corpo do Messias. Sem cruz, Jesus, o Cristo, seria outro, não ele mesmo. Para ele, repudiar a cruz seria a mais cruel de todas as escravidões. Sem cruz se transformaria em um peixe fora d'água, uma águia sem firmamento, um macaco sem galhos. Jesus Cristo tinha consciência de sua missão. Exerceu livremente, em toda a plenitude, a vocação de amar. Isso lhe dava a liberdade de optar pela cruz, inclusive, porque sem opção, não há liberdade. Até a opção de se autodestruir é também um caminho dos seres livres: nadar no seco, voar entre sólidos, podem ser eventualmente a decisão inconsciente de um peixe ou de uma águia, mas fatalmente estarão vivendo, ou melhor, morrendo, fora da vocação. Para Jesus, optar pela fuga da cruz significaria

Diaconia da liderança

101

escravidão eterna à missão não cumprida. Pedir fogo do céu sobre seus algozes, como sugerido pelos discípulos, representaria para ele a troca de sua própria natureza. Seria agir com violência sobre aqueles que, banhados de violência, já haviam negociado a vocação do amor pelo serviço ao ódio.

Ele teve condições sobejas para dizer, tempos antes de sua morte, que *"Se, pois, o Filho vos libertar, verdadeiramente sereis livres"* (Jo 8.36). Livres, portanto, são aqueles capazes de fazer da sua missão a realização da própria vocação humana. Sem o exercício da vocação humana não há serviço, não há missão nem liderança. Até mesmo Deus, que, em sua soberania, poderia ter feito outra opção missionária, preferiu vir ao mundo em forma humana – *"E o verbo se fez carne..."* (Jo 1.14).

Voar livremente nas asas do amor, encharcar-se nas águas da misericórdia, imbuir-se da mais bela de todas as vocações da natureza – isso é SER GENTE. E ser gente é a primeira condição para quem deseja um perfil de liderança em busca da excelência. Necessito repetir o óbvio: antes de qualquer outra vocação, um líder precisa ser gente em serviço à humanidade. Não nos referimos a quem lidera máquinas, ferragens. Para isso, basta um robô coberto de carne, estrutura óssea, desprovido de coração e neurônios. São assim os desumanos, com vestimenta de gente – não gostam de cheiro de suor, não conseguem abraçar, conviver com os sofridos, não suportam choro, não andam entre os fracos, descartam quem não produz.

Estamos falando de líderes no sentido mais legítimo da palavra. Pessoas que vivem a serviço de outras pessoas. Que conseguem propiciar condições humanas para o desenvolvimento das pessoas em todas as suas potencialidades. Líderes que, como gente, vivem e celebram a beleza da vida, amam e desfrutam com intensidade todas as nuanças da sua vocação humana.

2. O servo que lidera deve manter um testemunho íntegro e um caráter confiável

Que tipo de homens e mulheres aspiramos como líderes? Que tipo de líderes estão sendo reproduzidos em nossas comunidades? Qual a importância de se reproduzir líderes com o mesmo comportamento dos religiosos, ou dos profanos secularizados? Jesus, no Sermão do Monte, repete com veemente insistência: *"Não vos assemelheis, pois, a eles..."* (Mt 6.8). Com certeza *"a eles"* é uma referência, às vezes, aos líderes religiosos, outras vezes aos *gentios*. O enfoque básico de Jesus é quanto à superficialidade e incoerência do caráter desses personagens.

Erich Fromm, em seu livro *Análise do Homem* argumenta que os temperamentos são herdados geneticamente e sobre eles não se tem muita mutabilidade. Já sobre o caráter ele diz: "o caráter é essencialmente formado pelas experiências [...] e modificável, até certo ponto, pelos insights e por novas espécies de experiências". Ele ilustra sua ideia com um exemplo, ao meu ver, bastante esclarecedor:

> Se a pessoa tiver temperamento colérico, por exemplo, seu modo de reagir será rápido e forte. [...] Se for uma pessoa produtiva, justa e amável reagirá rápida e fortemente quando amar. Se for uma pessoa de caráter destrutivo ou sádico, será rápida e forte em seu espírito destrutivo ou em sua crueldade.[12]

Se o caráter de uma pessoa for destrutivo não interessa se ela age rápida ou lentamente. A única diferença é quanto ao tempo gasto para destruir. Se o caráter for de profundo amor, lentamente ou rapidamente, este amor estará fluindo e isto é básico para uma existência humana realizada.

O enfoque de Jesus no Sermão do Monte é claramente voltado para aspectos relacionados ao caráter dos discípulos. Os valores apresentados no Sermão dizem respeito a amor, justiça, misericórdia, mansidão,

---

12 FROMM, Erich. *Análise do Homem.* (Rio de Janeiro: Zahar, 1983.)

sensibilidade, pacificação, coerência de vida, estilo de vida. São paradigmas vinculados à vida interior. Jesus, enquanto caminhava, criava condições ou aproveitava oportunidades para ir moldando o caráter dos seus discípulos. As experiências emergentes davam também aos discípulos, a chance para irem trabalhando, cada um, respectivamente, seu próprio caráter. Como observamos, o Evangelho é um laboratório de ricas experiências. Resta ao discípulo elaborar interiormente e sintetizar a aprendizagem.

Stephen R. Covey falando sobre a diferença da "Ética da Personalidade e Ética do Caráter" pontua a superficialidade da primeira, suas intervenções baseadas em estímulos fáceis, uso de técnicas de relacionamentos, uso de frases de efeito para impressionar ou manipular as pessoas; enquanto na ética do caráter se busca encarar e curar problemas crônicos, estabelecer princípios e valores. Ele sugere que todos precisamos cultivar paradigmas interiores. Stephen resume suas ideias com a seguinte colocação:

> Se você pretende ter um filho adolescente que coopere mais, seja um pai mais compreensivo, solidário, coerente e amoroso. Se pretende ter mais liberdade, mais latitude em seu trabalho, seja um empregador mais responsável, generoso e envolvido com sua atividade. Se pretende conquistar a confiança das pessoas, seja confiável. Se busca a grandeza secundária do reconhecimento de seu talento, concentre-se inicialmente na grandeza primária do caráter."[13]

Tomar consciência disso é apenas a ponta do novelo, o mais complicado é desenvolver um processo de construção. O ato metodológico, o como se fazer um novo "ser", como desenrolar o novelo que se expõe, às vezes aberto, por vezes, reticente. É um processo que requer confissão, arrependimento, descoberta de si mesmo, amadurecimento, busca do Espírito Santo. Portanto, é principalmente na formação do caráter que precisamos concentrar todas as nossas

---

13 COVEY, Stephen R. *Os 7 Hábitos das Pessoas Muito Eficazes*. (São Paulo: Best Seller, 1989): p. 44.

energias, recursos e inteligência. Caráter confiável é uma conquista que depende de cada pessoa. Confiança não se ganha, se conquista; e se conquista pela profundidade e pertinência do testemunho.

3. O servo que lidera deve cultivar maturidade espiritual e emocional

A maturidade está relacionada ao amor. 1 Coríntios 13.11 diz: *Quando eu era menino, falava como menino, sentia como menino, pensava como menino; quando cheguei a ser homem, desisti das coisas próprias de menino.* O texto vem falando sobre amor, e tudo indica que ser maduro espiritualmente é viver a plenitude do amor. Os imaturos não amam. Há muito líder com jeito de menino, atitude infantil, sentimento de criança, discurso de criança, crise de adolescente. Paulo está falando de criança como analogia e as analogias têm suas limitações. Claro que há muita coisa bonita em ser criança. Jesus, em certa ocasião, recomendou aos discípulos que se tornassem como crianças – simples, despojadas de poder, etc. No texto de Paulo os referenciais são outros. Aqui a evidência recai sobre a imaturidade espiritual. A imaturidade de se privilegiar manifestações espetaculares, conhecimento, filantropia por oportunismo, fé sem a motivação do amor. Um líder com maturidade espiritual é alguém com capacidade de amar.

A maturidade também está relacionada à maneira como controlamos o nosso falar. O varão perfeito sabe controlar a língua – *Se alguém não tropeça no falar, é perfeito varão...* (Tg 3.1-12). Gente que não avalia o conteúdo do que diz, o chamado "bocão", gabola, aquele que vive "batendo com a língua nos dentes". Este tipo de líder pode ser um bom vendedor, inclusive do produto religioso. São excelentes na mídia, impressionam pela capacidade gerencial, falam sobre si mesmos ou sobre o que fazem com muita desenvoltura, louvam a Deus e, com a mesma habilidade, são capazes de amaldiçoar pessoas, desmontam facilmente seus concorrentes (veja Tiago 3). Um

Diaconia da liderança

líder maduro é alguém comedido nas palavras, pensa sobre si mesmo com moderação, mantém uma percepção crítica aguçada, tanto sobre si mesmo, quanto sobre "o estado de coisas" em seu entorno. Em geral, as pessoas que nos passam a impressão de maturidade e confiabilidade são pessoas de poucas palavras. Salomão diz que até o tolo passa por sábio quando mantém a língua sob controle.

Mas controlar o ouvido é também um exercício dos adultos espirituais. *Todo homem, pois, seja pronto para ouvir...* (Tg 1.19). Não podemos nos deixar emprenhar do mal pelos ouvidos. Saber colocar filtro na audição é tarefa de gente grande. Lembro-me de um pastor de nossa igreja, que sofria de deficiência auditiva e usava sempre uma frase fantástica: "As palavras não são como são ditas, são como são ouvidas". Ele dizia que nós ouvimos somente aquilo que queremos, e esta é uma tremenda verdade. Não tem mais do que quatro anos que aprendi isso. Tenho pedido a graça de Deus e exercitado meus ouvidos para não permitir que o mal que vem de fora atinja minha alma e emoções. Em outras épocas sementes maléficas eram germinadas pelos ouvidos. O que ouvimos pode vir em forma de maledicência contra outros, pode ser uma bajulação manipuladora e várias outras formas. Não temos controle sobre a língua dos outros, mas podemos controlar a maneira como ouvimos os outros. Se queremos de verdade exercer uma liderança humana com jeito de gente grande, necessitamos ter maturidade para amar, capacidade para dominar nossas palavras e habilidade para selecionar o que ouvimos.

4. O servo que lidera tem consciência de suas limitações e transitoriedade

O modelo de liderança contemporâneo tem sido tão divinizado que alguns líderes se percebem autossuficientes, quase eternos. Usando uma linguagem futebolística, diríamos que são aqueles que exercem papel desde juiz do jogo até técnico do time. Batem o escanteio e correm para cabecear. Sentem-se como se fossem, sozinhos, os detentores de todos os dons e ministérios. Ocupam de tal maneira os espaços que dificilmente propiciam condições para que outras pessoas se desenvolvam. Acreditam neles e em mais ninguém.

O pastor João Queiroz foi um líder por quem sempre preservei muita admiração. Quem o conheceu sabe das poucas chances que teve de estudar. Talvez por isso, considerava os outros bem mais capazes do que ele, e, assim, estava sempre abrindo espaço para lideranças mais jovens. Ou talvez agisse assim pelo simples prazer de perceber outros desenvolvendo suas próprias habilidades. Esse sentimento, viesse de onde viesse, propiciava condições para o desenvolvimento de novas lideranças. Conheço dezenas de homens e mulheres capazes, formados a partir desse estilo de liderança do pastor Queiroz.

Jesus tinha consciência de sua transitoriedade na Palestina. Trabalhou na formação de seus discípulos durante três anos e meio. Investiu neles o máximo que pode, pois sabia que após a crucificação, eles haveriam de dar continuidade ao trabalho iniciado por ele. Às vezes nos imaginamos seres imortais. Exercemos um tipo de liderança na qual nos tornamos insubstituíveis. Em algumas comunidades as coisas não funcionam se o líder não estiver presente. Tenho procurado exercer meu ministério como se eu fosse morrer, ou tivesse que ser transferido para algum lugar no mês seguinte. Essa atitude predispõe meu coração a acolher a manifestação de dons e ministérios de homens e mulheres que, em outros contextos, podem parecer concorrentes, mas, na verdade, são cooperadores do mesmo Reino em que estou envolvido. As vezes que necessitei deixar alguma igreja (e graças a Deus, tem sido sempre por algum desafio missionário), pessoas da própria comunidade assumiram a continuidade da tarefa. Impressiona-me o fato de que, todas as vezes, essas comunidades ficaram melhores, muito mais com a minha ausência do que com a minha presença. Outros podem, e é justo, ter as mesmas chances que você e eu tivemos, de servir no Reino de Deus.

5. O servo que lidera e o dilema entre a glória do poder e a cruz pelo serviço

A prática do poder é um exercício legítimo. Jesus afirmou sobre si mesmo: *"Toda a autoridade me foi dada no céu e na terra..."* (Mt 28.18). Mas, o fato é que Jesus sempre se utilizou do poder para servir as pessoas e não para tirar proveito delas. Poder e serviço podem ser reduzidos a polos antagônicos, mas podem também funcionar como peças de uma mesma engrenagem. Jesus, ao mesmo tempo em que confirma todo o seu poder, confessa que veio para servir e não para ser servido. Na liderança de Jesus Cristo o poder é um meio para o serviço. No contexto desumano, o serviço ao outro é utilizado como barganha para se conquistar o poder.

Onde está a raiz perversa do poder religioso? Tudo começa no fato de se dar prestígio e mérito aos fortes, poderosos e famosos pelo que podem fazer, ou mérito e prestígio aos fracos, aos mártires pelo que suportam sofrer. Uma espécie de divinização dos humanos. Em um ou no outro caso, o pecado consiste em se privilegiar o "poder" humano em detrimento da graça e do amor de Deus. No cenário bíblico, os líderes são o que são, exclusivamente por causa da graça de Deus. Deus é o único protagonista da história bíblica. O que Deus fez, o fez por ter amado e santificado seu próprio nome - *"... por amor do meu nome..."* (Mt 19.29 – RC),

Reconhecer a graça soberana de Deus em favor de seres humanos que nada podem lhe dar em troca, além de proclamar a exclusividade do governo de Deus sobre tudo, é também a mais explícita recusa de um líder cristão, de acolher a tentação de soberania sobre as pessoas. Esse alicerce propicia um contraste inusitado entre um líder cristão e uma liderança qualquer. No Reino de Deus, a hierarquia

108   *Nova liderança*

de poder é radicalmente invertida. Na perspectiva escatológica de Isaías, na Nova Jerusalém: *O menor virá a ser mil, e o mínimo, uma nação forte; eu, o Senhor, a seu tempo farei isso prontamente* (Is 60.22).

Nos Evangelhos, o mesmo conceito é repetido várias vezes com ilustrações reforçando a mesma verdade:

Nos sinópticos, Marcos e Lucas dão a entender que houve entre os discípulos uma discussão sobre quem deles era o maior no Reino de Deus. Sobre o mesmo assunto, Mateus apenas faz referência que eles perguntaram sobre isso a Jesus. Nos três relatos (Mt 18.1-5; Mc 9.33-37 e Lc 9.46-48), eles contam que Jesus, tomando uma criança no colo, indicou a humildade da criança como modelo da sociedade do seu coração – o Reino dos Céus. Tanto Mateus quanto Marcos comentam sobre o pretensioso pedido da mãe de Tiago e João: *Manda que, no teu reino, estes meus dois filhos se assentem, um à tua direita, e o outro à tua esquerda* (Mt 20.21). Há vários aspectos importantíssimos na resposta de Jesus, mas nos detenhamos apenas àqueles que mostram o seu Reino como uma sociedade de contraste com tudo o que se conhece de mundano.

De cara, percebemos que Jesus não tirou proveito da pergunta para fazer propaganda em torno de sua imagem, transferiu de imediato a tarefa supostamente sua para a inteira soberania do Pai – isso compete ao Pai (Mt 20.23). Agiu da mesma maneira quando os discípulos lhe indagaram sobre a restauração de Israel (At 1.6-8). Nestes episódios, Jesus não está lidando com conceitos de fundo teológico sobre a Trindade – se há uma distinção ou não entre Pai, Filho e Espírito Santo. O componente em referência é sócio-político, diz respeito à posição em níveis de dominação sobre outros, como acontecia com os grandes monarcas, sempre ladeados por privilegiados famintos e sedentos por poder. É relevante ressaltarmos a indignação dos outros discípulos com os dois irmãos: *Ora, ouvindo isto os dez, indignaram-se contra os dois irmãos* (Mt 20.24). E é muito provável que tenham se indignado, não por entenderem a nova sociedade, mas por ainda estarem impregnados dos valores da velha ordem social. Presumo, devem ter se indignado com o fato de terem se imaginado, correndo o risco na concorrência dos espaços de poder.

Marcos relata que Jesus chamou os discípulos para junto de si (Mc 10.42), e lhes disse:

> *"Sabeis que os governadores dos povos os dominam e que os maiorais exercem autoridade sobre eles. Não é assim entre vós; pelo contrário, quem quiser tornar-se grande entre vós, será esse o que vos sirva; e quem quiser ser o primeiro entre vós será vosso servo; tal como o Filho do homem, que não veio para ser servido, mas para servir e dar a sua vida em resgate por muitos"* (Mt 20.25-28).

Jesus não está ensinando estratégias para se conquistar poder. Usar o texto como princípio para se buscar uma cadeira no trono ao lado de Jesus é tão mundano quanto ter feito qualquer desgraça para sentar-se ao lado do imperador Nero, Hittler ou qualquer outro. Na verdade, Jesus está ensinando a seus discípulos a despojarem-se da tentação do poder espoliador e explorador, e em existindo o poder, na nova sociedade, ele se reverte em serviço ao próximo. No Reino de Deus, a hierarquia de poder se expressa de maneira invertida: os menores serão maiores, os membros menos decorosos ou dignos no Corpo, devem receber mais honra (1Co 12.22s). Na comunidade dos discípulos, o Mestre lava os pés dos companheiros e o faz por um gesto de humildade a ser imitado:

> *"Ora, se eu, sendo o Senhor e o Mestre, vos lavei os pés, também vós deveis lavar os pés uns dos outros. Porque eu vos dei o exemplo (...) o servo não é maior do que o seu senhor, nem o enviado, maior do que aquele que o enviou"* (Jo 13.14-16).

Na comunidade dos discípulos tudo é realmente muito diferente. Na nova sociedade, o escravo deveria ser recebido *como irmão caríssimo* e não mais como escravo (Fm 16). Os fracos, os desprezíveis acharam lugar no Reino que a eles se destina (I Co 1.26-29). Enquanto, na velha ordem, os ricos são privilegiados pela riqueza; os intelectuais, pelo conhecimento e os nobres, pelo poder; na nova sociedade todos os que chegam são reconhecidos pelo valor de ser gente feita a imagem e semelhança de Deus. *O irmão, porém, de condição humilde glorie-se na sua* **dignidade**, *e o rico, na sua* **insignificância**...(Tg 1.9 – ênfase acrescentada). Que tremendo contraste na ordem social da nova comunidade!

Se na ordem mundana o líder é evidenciado pelo reconhecimento, pelo prestígio; na igreja o poder de Deus manifesta-se no espetáculo da cruz de Cristo – loucura e escândalo, para aqueles que estão fora de seus paradigmas.

Liderança é um tema bastante vasto. Não vamos esgotá-lo aqui em tão poucas palavras. Tentei enfocar apenas aspectos que, na minha percepção, são cruciais no exercício desse papel humano tão significativo. Naturalmente as ideias expostas acima não são completas em si mesmas, elas funcionam na interdependência de outras disciplinas pessoais como o estilo de vida simples, espírito de pacificação, capacidade inovadora, capacidade de resposta e solução para problemas que ameaçam a humanidade, habilidade de liderar pessoas em situações de conflito, etc. O que está exposto aqui tem o propósito de fazer contraponto ao modelo de líder religioso tão em moda nos últimos anos: as superestrelas, os eficientes gerentes de agências religiosas, os bem produzidos e produzidas animadores de auditório. Enfim, gente "tão eficiente", com técnicas tão mirabolantes que, possivelmente, não precisa mais de Deus, nem de ninguém, para concluir seus projetos. Gente boa, inclusive, mas tão boa que não deixa o mínimo de espaço para a operação da graça de Deus. Opera com a mesma eficácia e com as mesmas ferramentas das empresas que buscam apenas o lucro financeiro. Os grandes empreendedores da indústria da fé são gestores dos lucros adquiridos com produtos religiosos. Estão entre os líderes genéricos, mas não os incluo no que estou considerando uma diaconia que usa a liderança como mais uma forma de serviço.

E veja bem, se você e sua organização estiverem indo nessa direção, há muita probabilidade da sua natureza humana manifestar-se enferma, há um tremendo risco do seu caráter entrar em descrédito, sua liderança estar à beira da meninice, seu equilíbrio emocional estraçalhado, sua credibilidade nos outros comprometida e, finalmente, sua glutonaria pelo poder lhe empanturrando de uma aparência saudavelmente suicida.

Enquanto escrevo, penso em mim. Abro o coração à confissão e ao arrependimento. Penso no tempo, energia e inteligência em torno das coisas e pessoas a quem dedico a vida e, usando uma frase da introdução deste texto, peço a Deus para não somente fazer as coisas corretamente, mas para fazer a coisa correta. Já pensou ao final da vida, chegando na eternidade, e em um bate papo informal com Jesus, ouvir dele:

– É, meu filho, você realmente dedicou muita energia e inteligência, utilizou bem as ferramentas de trabalho, sua estratégia foi extraordinária, analistas ficaram estupefatos... Algumas vezes quis cooperar, mas o meu estilo não cabia no seu pacote. Pensei em onde arrumar a manjedoura no meio de tudo isso e o máximo que consegui foi uma encenação no Natal – era tudo brincadeirinha.

Jesus tentou mostrar afeto, não estava disposto a desmascarar nada e continuou:

– Entendo que infiltrar um jegue no seu pacote de trabalho também não era tão fácil assim. Nessa sociedade urbana, nem eu mesmo usaria mais o jegue, mas acho que você me entende, refiro-me ao jumentinho como um jeito de vir ao mundo em nome de Deus e com tanta certeza disso, que não precisava de artifício algum para que os outros descobrissem que eu era realmente o Messias. Pensei em alguma coisa simples, no lugar do jumentinho, mas olha, foi difícil fazer esse milagre, e você sabe, meu filho, eu sou bom de milagre. Mas... o máximo que consegui foi rir quando ouvi o pessoal reclamando que o retroprojetor é coisa já ultrapassada. Findei desistindo de pensar em tecnologia simples ou moderna. Até porque não acredito que esta seja a questão mais séria. E também dei inteligência a vocês para desenvolverem essas coisas. O que me deixa desconfortável é quando essas coisas excluem as pessoas que eu gostaria de infiltrar entre vocês. Gente boa, da mais alta qualidade, e tentei várias vezes que elas se tornassem agentes da vida entre vocês, mas era engraçado, elas não cabiam dentro do seu projeto. Estranho, não? Quando eu comecei com Tiago, João, Pedro a gente fazia tudo para simplificar as coisas, mas vocês agem ao contrário de nós – fazem tudo para sofisticar, impressionar com palco, luzes tudo tem glamour em excesso.

Eu estava convicto de que as palavras de Jesus Cristo eram, de fato, misericordiosas, mas por conta do cristianismo no qual me encontro, quase não entendia nada:

– Ah! Meu filho, mais difícil do que manjedoura e jumentinho foi infiltrar no meio de vocês a Mensagem da Cruz. Aliás, até não ouvi muito sobre isso entre vocês, sofrimento por amor ao Evangelho... Ouvi alguns de seus colegas ignorando, fazendo galhofa da dor e do sofrimento. Eles acolhiam com mais facilidade as ideias do pensamento positivista do que o Evangelho. Pareciam-me pessoas orgulhosas, prepotentes, algumas vezes nem eram, mas maquiavam-se como se assim fossem. E era isso que gerava confusão, incoerência. Filho, eu não sou de ficar fazendo lamúrias, meu desejo é que você entenda melhor o propósito do Reino de Deus. Sobre a cruz, alguns até conduziam-na no peito, outros como enfeites na frente de seus templos. Até aí, tudo bem. Mas parece-me que, de fato, não sabiam bem o que significava ser membro dessa comunidade cativada pela Mensagem da Cruz. Esta é uma comunidade dos mansos e humildes de coração, de alguns ricos e sábios, todavia despojados de suas riquezas, seu prestígio e fama; e, ao mesmo tempo, repleta de gente simples revestida de dignidade humana. Olha, meu filho, fazer você e os líderes de seu tempo entenderem a Mensagem da Cruz é um milagre e tanto. Não é por causa do meu poder, mas pelo fato de vocês estarem com os olhos tão voltados para outras luzes que, mesmo que eu faça se manifestar o milagre da vida pela Cruz de Cristo, muitos de vocês não enxergarão nada. Lembre-se daquilo que eu disse há muito tempo atrás: "... *caso a luz que em ti há sejam trevas, que grandes trevas serão!*" (Mt 6.23).

Ainda bem que esse papo aconteceu só na minha imaginação. Mesmo assim, prefiro entendê-lo como real e por essa "visão" ser conduzido ao arrependimento. Afinal, servir é a nossa grande tarefa em qualquer área da vida. Liderança é mais uma das nossas habilidades de serviço.

Seguir o modelo de Jesus na liderança transcultural

Antonia Leonora van der Meer

VIVEMOS HOJE TEMPOS DE CRISE na área da liderança cristã. A liderança nas igrejas vai dos extremos do caciquismo, do domínio quase absoluto pelo pastor, até modelos de líderes que, a fim de não perderem seu prestígio, o número de membros e o volume de seu salário mensal, sujeitam-se a todos os ventos de doutrina e práticas da moda para agradar seus seguidores/mantenedores.

No campo de missões transculturais também não faltam problemas. Ainda há muitos missionários com "complexo de pioneiro", sentindo-se um Hudson Taylor ou um C. T. Studd e pensando que vão ser o grande benfeitor para os "pobres e ignorantes nativos". Como o sustento dele vem de sua igreja de origem e da liderança da sua Agência ou Junta, esse missionário sente que (na melhor das hipóteses) tem o dever de prestar contas a estes, mas certamente não à igreja nacional. Esta se torna o objeto de sua atividade missionária e não é vista como sujeito/parceiro de igual valor, que deve ser ouvida e, muitas vezes, obedecida. Aceitar os pedidos ou as exigências da igreja nacional pode parecer, então, ridículo, afinal, quem é que investe o dinheiro? E assim seguimos o modelo das grandes empresas multinacionais, quando o poder que deveria dar disponibilidade de recursos perde a visão de corpo. E este é apenas um exemplo.

Outros problemas têm surgido quando missionários, após poucos anos de ministério, sentem-se na autoridade de representar/definir as necessidades, qualificar os cristãos nacionais e os desafios da evangelização, sem tempo ou disposição para ouvir os líderes nacionais. E ainda, muitas vezes, encontramos missionários que fazem descrição de uma cultura ou religião baseados na sua perspectiva de estrangeiros. Precisamos aprender a trabalhar de maneira unida, tendo a humildade de ouvir e de aprender. Assim evitaremos muitos erros e enganos, bem como a falta de consideração que, tantas vezes, resulta em ferirmos os cristãos nacionais.

O que podemos aprender com o modelo de Jesus?

Jesus Cristo é o nosso modelo missionário. Ele nos envia assim como o Pai o enviou (Jo 20.21; 17.18); isto é: com as mesmas atitudes, qualidades, disposição à renúncia e à identificação com aqueles a quem somos enviados. Parece que hoje o sucesso, também no contexto evangélico, é avaliado em termos de números, não só e primeiramente de convertidos, ou "adeptos", mas da conta bancária, do dinheiro investido, do estilo de vida digno de homens e mulheres "bem-sucedidos" aos olhos do mundo. Já não se pensa que é desejável humilhar-se, adotar um estilo de vida simples para identificar-se com os marginalizados. Somos, antes, desafiados a aprender, pela fé, a manipular o nosso destino, inclusive Deus, e assim também tornar-nos pessoas "de grife".

Para Jesus, o sucesso era agradar ao Pai e cumprir sua vontade. Para alcançá-lo e viver constantemente em comunhão profunda com o Pai, ele deliberadamente se afastava das pessoas, dos compromissos ou de seu conforto pessoal para estar a sós com o Pai e buscar encher-se novamente do seu amor, do seu poder, da sua visão... Esta comunhão, sem dúvida, o enchia de alegria por causa da comunicação de amor profundo e da harmonia que havia entre eles. Mas também o fez passar por momentos de profunda angústia e solidão, porque a vontade do Pai era boa, mas levava ao caminho da humilhação total, da morte e do abandono (Lc 5.16; 22.42-44).

Mas Jesus se identificou profundamente conosco para nos alcançar. Não veio *parecendo* homem, mas *tornou-se* homem, assumindo nossa natureza humana, nossas lutas e fraquezas, vivendo entre nós, como um de nós (Hb 2.14-18). Andou conosco e assumiu o nosso lugar de culpados, fracassados e frustrados pecadores, sem esperança e sem Deus no mundo, e nos deu uma nova liberdade, uma nova esperança, uma nova dignidade.

> *Visto, pois, que os filhos têm participação comum de carne e sangue, destes também ele, igualmente, participou, para que, por sua morte, destruísse aquele que tem o poder da morte, a saber, o diabo, e livrasse a todos que, pelo pavor da morte, estavam sujeitos à escravidão por toda a vida.*
>
> *Pois ele, evidentemente, não socorre anjos, mas socorre a descendência de Abraão.*
>
> *Por isso mesmo convinha que, em todas as coisas, se tornasse semelhante aos irmãos, para ser misericordioso e fiel sumo sacerdote nas coisas referentes a Deus e para fazer propiciação pelos pecados do povo.*
>
> *Pois naquilo que ele mesmo sofreu, tendo sido tentado, é poderoso para socorrer os que são tentados.* (Hb 2.14-18)

Quando lemos sobre essa dimensão tão completa da encarnação de Cristo, é bom não perdermos de vista a grandeza, o poder, o prestígio e a glória inigualáveis da pessoa que de tal maneira se identificou conosco. É a incrível maravilha da graça de Deus.

Por meio de sua identificação conosco é que Cristo se torna nosso refúgio e libertador. Ele nos liberta do poder do pecado, aquele poder maligno que nos leva a fazer o que detestamos e a ser incapazes de fazer o que preferimos. Aquela tendência de ferir quem amamos, de competir para ser o melhor, o primeiro, de agarrar e segurar o máximo para a nossa segurança e deleite pessoais. Cristo nos purificou da mancha dos pecados e nos libertou do seu terrível domínio.

Jesus alcançou essa grande libertação identificando-se conosco, assumindo a nossa morte, carregando o peso dos nossos pecados e tornando o diabo impotente em suas artimanhas que visam nossa destruição.

Filipenses 2.5-11 mostra como o Cristo glorioso se humilhou de boa vontade para se identificar conosco e como essa mesma atitude deve ser a marca dos seus seguidores. Sua identificação começou com uma atitude de espírito e, por isso, nós também devemos compreender que não somos superiores àqueles a quem ele nos envia. Deixemos para trás privilégios e posições, sem ressentimentos e sem busca de um reconhecimento especial pela nossa boa atitude, pois fomos chamados para servir a um Senhor tão sublime e tão humilde e a pessoas que têm um valor infinitamente grande aos olhos dele.

Cristo se esvaziou e se *humilhou*. O primeiro verbo fala de sacrifício, aquilo a que renunciou; o segundo, de disposição ao serviço, através da sua identificação conosco, tornando-se como o menor de todos. Os missionários devem ter essa mesma atitude, abrir mão do seu status para servir com humildade, não assumindo o controle do trabalho, mas assessorando e orientando os líderes nacionais e submetendo-se a eles.

Jesus tornou-se dependente do serviço de outros: a água da samaritana, o burro emprestado, o barco emprestado, o túmulo emprestado.

Nós também devemos aprender a depender de outros! Muitos podem pensar: "Mas nós somos missionários porque eles precisam de nós; e eles, o que têm a nos oferecer?" Já percebi, contudo, que, quando as pessoas estão nos servindo, muitas vezes estão menos defensivas, pois nós estamos na posição de dependência delas. É um dos custos da vida missionária, tornar-nos fracos, vulneráveis e dependentes de ajuda; mas, nessa posição, portas podem se abrir. Muitos missionários realmente se aproximam e se identificam com os nacionais em momentos de grande crise pessoal e familiar, quando recebem o amor e a solidariedade deles.

Jesus renunciou à sua imunidade, expondo-se à tentação, ao sofrimento, à limitação, à necessidade econômica, à dor, à solidão. Assim também o missionário se tornará vulnerável a novas tentações, a perigos e doenças e à solidão. Isso vai radicalmente contra a Teologia da Prosperidade, que promete isenção do sofrimento para este mundo. Há missionários brasileiros que, recentemente, morreram de malária na África. Eu mesma, quando estava lá, fiquei entre a vida e a morte por várias semanas durante a minha primeira malária. Outros voltaram doentes, esgotados, em crise emocional. Será que eles são um fracasso como missionários? De maneira alguma. Possivelmente a falta de apoio pastoral tem algo a ver com sua situação, mas esses são os soldados da tropa de elite que se feriram no combate mais violento e precisam de muito carinho e cuidado para que possam ser restaurados.

Jesus identificou-se profundamente conosco. Ele não só assumiu a forma humana, mas se fez amigo de pobres e humildes, curou doentes, alimentou famintos, tocou intocáveis e arriscou sua reputação associando-se a pessoas rejeitadas pela sociedade. Paulo, o apóstolo missionário, seguiu esse princípio e tornou-se todas as coisas para todas as pessoas para poder salvar alguns, identificando-se profundamente com aqueles a quem procurava alcançar com o Evangelho (1Co 9.19-23).

Qualidades essenciais que marcaram a vida de Jesus e, por isso, devem caracterizar seus enviados são *a mansidão e a benignidade de Cristo* (2Co 10.1). Em outras palavras: a humilde sensibilidade do amor de Cristo. O que tem marcado nossa vida como missionários? Precisamos dessa mesma sensibilidade humilde para poder ouvir com amor, para poder compreender melhor a cultura do povo ao qual fomos enviados. Achar que nós temos todas as respostas e que nosso único papel é o de ensinar é uma ignorância arrogante. Devemos respeitar as pessoas e sua cultura e não assumir um papel de superioridade. Essa sensibilidade humilde também significa levar a sério os temores e frustrações deles, seus sofrimentos e preocupações, sua fome, pobreza, falta de esperança e opressão, aprendendo a chorar com os que choram.

Também devemos reconhecer humildemente que, apesar de todo o nosso treinamento, há muitas coisas que os cristãos nacionais podem fazer melhor do que nós: evangelizar, plantar igrejas, traduzir as Escrituras, aconselhar. Por isso nosso papel será sempre o de "andaimes", permitindo que o edifício da igreja cresça naquele contexto, enquanto nosso papel é importante, mas passageiro. Os missionários são necessários até que o edifício seja formado.

Joseph Damien (frade belga, 1840 – 1889) seguiu o exemplo de Jesus de maneira radical. Ministrou aos leprosos do Havaí, vivendo com eles, longe da sociedade, na ilha de Molokai, ministrando suas necessidades físicas e espirituais com muito amor e compaixão. Com o tempo, contraiu a lepra e aceitou isso. Amava seu rebanho. Outras pessoas optaram por viver na favela para alcançar os favelados. Até que ponto Deus pede que nós nos identifiquemos?

Um casal de missionários americanos que foi trabalhar em Sri Lanka teve uma experiência notável. Chegaram com algumas malas, se instalaram como puderam, e todos os vizinhos se mostraram solícitos em oferecer vários tipos de ajuda. Mas, depois de alguns meses, chegou a mudança do casal: vários contêineres e vários barris cheios de coisas. A vizinhança se reuniu e ficou olhando, muito impressionada pelo fato de que uma família podia possuir tantas coisas. Depois disso eles nunca mais conseguiram vencer as barreiras com sua vizinhança imediata, só conseguiram ministério entre pessoas que viviam mais longe de sua casa.[14]

Nem sempre podemos ser iguais ao povo. Por mais que nos identifiquemos com eles, sempre temos a possibilidade de sair de uma situação de violência ou desgraça quando precisamos, o que eles não têm. A tentativa de sermos iguais pode parecer artificial. O que devemos fazer é nos identificarmos ao máximo, sem negar nossa própria identidade, e respeitar as pessoas, seus hábitos e valores. Participar com eles de suas alegrias e tristezas, partilhar com eles como irmãos, mostrando um interesse genuíno. Até que ponto nós, como missionários, sentimos que pertencemos ao povo e até que ponto eles sentem que pertencemos a eles?

A identificação nas coisas externas pode vir a ser ridícula, como a de uma antropóloga que se desvestiu entre os índios Karajá para participar das danças tradicionais por ocasião da lua cheia. O gesto transformou-se em piada lembrada durante várias gerações. O mais importante é nos vestirmos e comportarmos de maneira que as pessoas se sintam à vontade conosco. Certas missionárias que foram à Índia estavam muito bem vestidas a seus próprios olhos, mas deixaram exposta a barriga da perna, que é, do ponto de vista indiano, a parte mais sensual do corpo feminino. Alguns missionários brasileiros que foram trabalhar nas ilhas de São Tomé e Príncipe não encontraram problemas doutrinários neste ministério. Mas, para não se sujeitarem à regra de não usar calça comprida (uma vez que estavam envolvidos com a Assembleia de Deus), fundaram uma nova denominação.

---

14 Greenway, *EMQ* 1992, 126

Não é necessário comer sempre, em casa, as mesmas comidas que os nacionais, mas é importante aprender a apreciá-las e adaptar nossos hábitos alimentares; isso mostra respeito e aceitação da sua cultura. Se nos esforçarmos, com amor, não será tão difícil, apesar de haver algumas coisas estranhas. Fazer caretas ou comentários depreciativos sobre suas comidas fere a dignidade deles. Comer sua comida é um forte fator de identificação.

Uma das barreiras mais sérias entre missionários e nacionais tem sido os muros ou as cercas dos conjuntos residenciais missionários, com casas cheias dos confortos do mundo ocidental, onde os nacionais geralmente só entram como empregados. Isso pode dar um sentimento de segurança para a comunidade missionária, mas não segue o modelo de encarnação de Jesus Cristo. Para alguns Fazedores de Tendas isso faz parte do seu pacote do acordo com a empresa ou governo que os contratou. Aí o jeito é aproveitar ao máximo as oportunidades de identificação e aproximação, como e quando aparecem, e não se fechar naquela pequena comunidade estrangeira, com seus confortos especiais, praticamente isolada das lutas e sofrimentos da vida nacional.

Parece que uma das diferenças fundamentais entre os missionários que foram à Coreia e os que foram à China foi a atitude diante da cultura local. Na Coreia os missionários respeitaram a cultura coreana e aproveitaram palavras religiosas já existentes, ao apresentarem Jesus Cristo como a revelação plena e final do Hanamim (o único Deus verdadeiro); e com isso colheram uma melhor aceitação do Evangelho. Mas a maioria dos missionários na China rejeitou as tradições culturais chinesas como paganismo repugnante e se recusou a usar o conceito de *Shang Tai* (o Deus Supremo), e fez isso a um povo extremamente orgulhoso de suas tradições milenares, da sua filosofia e da sua cultura. Sua colheita foi pequena.[15]

---

15 LUM, Ada, 1985: 68-75; *Evangelho e Cultura*, 1983: 23-27.

Relacionamentos com outros líderes missionários

A vida do missionário, de fato, nem sempre é simples. Seus vínculos acabam sendo complexos. Ele se relaciona com sua igreja de origem e seu possível Conselho Missionário. Mas também se relaciona com sua respectiva agência ou junta missionária e sua extensiva liderança no campo. Possivelmente, encontra a igreja nacional, à qual veio servir, sob uma determinada liderança. Nem sempre as expectativas e exigências desses líderes estão em harmonia e, por isso, é importante que essas questões sejam esclarecidas antes de o missionário ir ao campo e que haja comunicação regular entre esses vários níveis de liderança. Pessoalmente, já passei por situações em que um líder me pedia, insistentemente, para fazer um trabalho que outro achava que eu não devia fazer. Com a maior diplomacia possível, fiz com que eles resolvessem a questão entre si sem prejudicar os relacionamentos.

Uma vez chegando ao campo, podemos descobrir que líderes mais velhos se sentem ameaçados pelos mais jovens e mostram-se defensivos. Os mais jovens precisam de paciência e sabedoria para não exigir mudanças rápidas, respeitando o conhecimento e a experiência dos mais velhos, sem perder sua visão e criatividade, esperando a hora e a maneira certa de introduzir as mudanças.

Um desafio especial são os relacionamentos nas equipes multinacionais. Com muita facilidade surgem mal-entendidos e frustrações por causa de hábitos diferentes e também por causa do inglês (que, normalmente, é a língua de uso comum, mas não é a primeira língua de muitos).

Quando pessoas de várias culturas tentam adaptar-se e servir em uma cultura diferente, mais cedo ou mais tarde surgem choques culturais e desentendimentos entre eles. É necessário procurar entender a cultura dos colegas, como base para um relacionamento de amor e respeito, buscando uma unidade transcultural em Cristo e uma edificação mútua enriquecedora.

Relacionamentos com colegas nacionais

Muitas vezes os colegas nacionais (do país onde servimos) são extremamente sensíveis a atitudes paternalistas. Como aprender com eles? Como perguntar com sabedoria e ouvir com atenção? Como mostrar que respeitamos sua dignidade, sabedoria e maneira de agir? Como superar as tensões que surgem porque eles se sentem ameaçados com nossa presença e influência?

É muito importante ter uma humildade genuína, reconhecer que eles conhecem melhor os problemas e as necessidades do seu próprio país, têm mais capacidade de avaliar candidatos, de reconhecer se uma pessoa que nos procura é sincera ou interesseira. Eles sabem que tipos de relacionamentos, atividades e atitudes são ou não aceitáveis em seu contexto. Quando nos mostrarmos abertos para ouvir e aprender, eles nos ajudarão. Se mostrarmos arrogância ou autossuficiência, irão ressentir-se disso e criar barreiras, e não abrirão o coração conosco. Mesmo que tenhamos uma formação superior, e um ritmo mais rápido de trabalho, devemos ser parceiros, trabalhar lado a lado; assim poderemos aprender e também ensinar a eles, sem superioridade.

É muito importante aprender as normas de respeito, percebendo quais as semelhanças e diferenças em relação à nossa cultura. Muitas vezes é importante não contradizer, nem apresentar nossas ideias publicamente. As opiniões sugeridas em conversa particular têm muito mais resultado e mantêm a dignidade do líder local. Somos visitas, e devemos respeitar os donos da casa.

Como aproveitar a abertura que temos como visitas sem fechar as portas para nós ou para nossos sucessores? Como discernir os limites, as normas? A quem pedir ajuda, orientação?

No contexto moderno ocidentalizado os modelos de liderança são mais baseados no conceito de gerência empresarial do que segundo o modelo de Jesus Cristo. Nós nos preocupamos em estabelecer objetivos, métodos, tarefas a serem realizadas e o tempo necessário para fazê-las, e com a máxima eficiência. Se os outros não fazem o trabalho devidamente, nós mesmos o fazemos, mostrando nosso dinamismo e dedicação. Podemos realizar muitas tarefas, mas falhamos na principal, que é a de capacitar nossos irmãos daquele país, apoiá-los e servir-lhes como parceiros e irmãos em Cristo. É muito melhor que o líder nacional seja a pessoa em destaque, para que o ministério dependa mais dele, e não das capacidades ou do dinheiro do missionário.

Se agimos assim, como parceiros, devemos respeitar a pessoa, seu ritmo de trabalho, suas prioridades, e não procurar impor nossa maneira de fazer as coisas. É importante ir transferindo responsabilidades para os nacionais, permitindo que aprendam por meio de erros (como também acontece conosco), estar ao lado deles para orar, estimular, avaliar e reanimar, e não ficar controlando a obra. Com o tempo vamos ver como a criatividade dos líderes nacionais os levará a fazer um trabalho mais apropriado do que o nosso. E quando chegar a nossa hora de sair, não haverá descontinuidade ou queda brusca no progresso do trabalho, mas uma possibilidade de crescimento contínuo. Quando não há verdadeira parceria surge tensão, desunião e frustração entre nós e os líderes locais.

A minha experiência missionária em Angola me ensinou algumas coisas. Aprendi que o relacionamento com os líderes nacionais deve ser marcado pela irmandade e não pela superioridade.

É também importante ouvir os líderes locais sobre o tipo de missionários que eles precisam e não pensar apenas em estabelecer *filiais* da nossa missão ou denominação. Há juntas e agências que, para agradar seus doadores, preocupam-se mais em seguir a última moda missionária do que em analisar e ouvir o que a igreja local e o país realmente necessitam. O *respeito* é um dos valores fundamentais da cultura que devemos honrar.

Tive minhas dificuldades. Em meu ministério aqui no Brasil, junto à Aliança Bíblica Universitária, eu tinha muita liberdade para tomar iniciativas. Mas em Angola isso normalmente era visto como um *desrespeito pelo líder.*

Enumero, como exemplo, algumas dificuldades relacionadas à cultura:

1. *A burocracia*, criando processos complicados para resolver os problemas. Há muitas reuniões importantes, que tomam tanto tempo que a ação prática fica prejudicada. Mas esta parece ser uma tônica global quando uma enorme quantidade de encontros deixa perceber que temos tantas reuniões e tão poucas transformações.

2. *Padrões tradicionais de autoridade*: o líder religioso tradicional (o feiticeiro/adivinho/curandeiro) e o líder civil das aldeias tinham uma autoridade muito grande e pouco compartilhada. As lideranças civis realizavam reuniões e conselhos em que se discutiam os problemas. O líder era uma pessoa diferente das demais, porque nele se concentravam os poderes dos antepassados. Os líderes quase sempre evitavam o confronto na solução de conflitos, e resolviam os problemas pela adivinhação, descobrindo-se o causador espiritual de algum mal ou conflito. Este era castigado e o conflito era superado sem o líder ter que tomar uma posição. Eles guardavam zelosamente seus segredos e somente à hora da morte os líderes religiosos

transferiam seu poder para um membro de sua linhagem. Os líderes civis eram sucedidos por uma pessoa destacada de sua linhagem, que recebia o apoio do conselho de anciãos. Hoje os líderes cristãos ainda têm certa influência desses padrões, e acham difícil partilhar a autoridade, defendendo zelosamente suas posições.

3. *O sincretismo* continua sendo uma dificuldade: há pastores de igrejas chamadas evangélicas que têm em sua casa um quartinho para o culto aos antepassados, ou que, em secreto, praticam feitiçarias tradicionais, até para manter e melhorar sua posição de autoridade na igreja.

4. *A desconfiança* está muito presente: na cultura tradicional, quando uma pessoa fica muito doente ou morre, procura-se saber quem é o culpado pelo feitiço que provocou tal mal. Geralmente desconfiam de pessoas da própria família, que fariam isso para se autopromover ou enriquecer. Isso significa que a linha divisória entre a confiança e a desconfiança é muito fina. Precisamos conquistar a confiança e continuar a merecê-la, e não desanimar mediante uma desconfiança ocasional.

Conclusão

O missionário corre o risco de pensar: "Já renunciei a muitas coisas, já sofri muitas coisas por amor a Cristo", e de imaginar que, por isso, tem direito a certo reconhecimento e a certos privilégios. Se estamos dispostos a abrir mão das coisas grandes (nossa pátria, nossa família, nossos amigos, nossa carreira), devemos continuar a seguir o exemplo de Cristo: nos identificar e nos humilhar. Se não o fizermos, voltaremos a cair no padrão do paternalismo, tão destrutivo no espírito e na obra missionária.

Que tipo de líderes missionários o Brasil está produzindo e enviando? Aqueles que aprendem em suas igrejas a exigir e a declarar sua vontade, em nome de Jesus, para obrigar Deus a satisfazer suas ambições materiais? Aqueles que seguem padrões de liderança exclusiva, não partilhada, ou que procuram por todos os meios ser mais populares para prender mais seguidores? Aqueles que estão obcecados pelos números, sentem-se constantemente cobrados e, por isso, podem até escrever relatórios mentirosos para não perder o prestígio? Pessoas muito preocupadas em garantir um bom nível de vida, de sustento, de saúde, sem com isso defender nada que seja irresponsável? Ou pessoas dispostas a renunciar a si mesmas, a, dia a dia, tomar sua cruz e seguir Jesus, seguir o modelo daquele que veio para servir e entregar sua vida em favor de muitos?

O mundo de hoje, cada vez mais dominado pela violência, pelas injustiças, pela miséria, pela quebra de valores, pela religiosidade manipuladora e pelas magias, precisa de pessoas dispostas a pagar o preço de um compromisso radical com Cristo. Não servem os "soldadinhos de chocolate" que cantam e marcham com alegria em seus grandes cultos, mas derretem quando são confrontados com o fogo das provações.

Eu não trocaria minha carreira missionária por nada neste mundo e dou graças a Deus pelo crescente compromisso missionário do Brasil e de outros países do Terceiro Mundo. Mas evitemos copiar os erros de nossos irmãos missionários do Atlântico Norte, além de criar os nossos próprios erros. Vamos com mais humildade, mais paciência, mais disposição à renúncia, quando esta redunda em glória de Deus. Procuremos a melhor formação, tanto acadêmica quanto espiritual e de caráter, em uma verdadeira dependência do Senhor, em que o servo não é maior que seu Senhor.

Bibliografia:

Comissão de Lausanne. *O Evangelho e a Cultura*. (São Paulo: ABU Editora e Missão Editora, 1983.)

BROWN, Raymond. *The Message of Hebrews*. (Leicester: IVP, 1982.)

LUM, Ada. *A Hitchhiker's Guide to Mission*. (Leicester: IVP, 1984

PADILLA, C. René. *Missão Integral*. (São Paulo: FTL-B, 1992.)

STEUERNAGEL, Valdir. *Obediência Missionária e Prática Histórica*. (São Paulo: ABU Editora, 1993.)

TUCKER, Ruth. *Até aos Confins da Terra*. (São Paulo, Vida Nova, l986.)

Artigos:

Winter, Ralph D. e Hawthorne, Steven C. "Em Missões Transculturais: Uma Perspectiva Cultural", capítulos 42 e 47 a 50. (São Paulo: Mundo Cristão, 1987.)

Greenway, Roger S. "Eighteen Barrels and Two Big Crates", in: *Evangelical Missions Quarterly*, Vol. 28, nº 2, 1992, p. 126. (Disponível em https://goo.gl/whUU51. Acesso em 22/09/2017.)

A liderança cristã e a tendência narcisista

James Houston
Tradução de Márcia Fortuna Biato

DEVEM SER POUCAS AS PALAVRAS que, no linguajar moderno, têm um sentido tão vago quanto "liderança" e "espiritualidade". Aliás, a palavra "líder", que tem sua origem no inglês, nem é mencionada na primeira Enciclopédia Britânica (1768.71), na qual o termo "espiritualidades" aparece com uma conotação curiosa: era a renda percebida pelo bispo da igreja, proveniente não do Parlamento, mas das rendas religiosas arrecadadas pela sua diocese! Somente no século passado a palavra "líder" entrou em voga, e passou a ser usada para referir-se a alguém que vai adiante dos outros e os orienta, ou que desempenha um papel de destaque em um drama. Desde então, e especialmente nos Estados Unidos, a cultura da empresa privada passou a enfatizar o papel do líder, assim como as ideologias políticas atribuíram grande importância à liderança política. Em algumas sociedades, como as colônias penais da Austrália, a história evoluiu de tal maneira que acabou por inibir fortemente o culto à liderança. Já nas sociedades mais tradicionais da Europa, o conceito adquiriu uma conotação mais aristocrática, feudal. Na América Latina, a noção de líder está associada à de conquistadores e caudilhos, enquanto, na África, à figura de chefes tribais. Isso significa que os conceitos de liderança cristã serão inevitavelmente afetados por certas distorções culturais herdadas das diferentes sociedades.

Todas essas influências culturais sugerem, em sua essência, que um líder é alguém que detém um grau maior de poder, projetado sobre as demais pessoas, e que cria as condições sob as quais outras pessoas trabalham e até mesmo "vivem, atuam e encontram sentido". Esse tipo de influência é exercido por uma mãe com filhos pequenos, um professor em sala de aula, um gerente de fábrica ou escritório, e até por um pastor de igreja. O que todas essas pessoas têm em comum é a influência que podem exercer ao projetar seu verdadeiro ser ou a sombra de um ser falso. Aquilo que se passa dentro de um líder repercutirá, inevitavelmente, sobre os outros, quer seja sua bondade e confiança, quer sua mesquinhez e desconfiança.

Como os líderes costumam ser mais atirados do que seus seguidores, já que tendem a tomar mais iniciativas, ser mais ambiciosos, mais agitados, insatisfeitos e extrovertidos, estão inclinados a dominar em função de influências externas. Uma cultura pragmática e materialista como a ocidental procura externalizar tudo e considera a "boa vida" mais como uma questão de arranjos externos do que de bem-estar interior. Ao fazer uma crítica social da vida moderna, tachando-a de "cultura narcisista", Christopher Lasch comenta que

> o narcisismo parece representar de forma realista a melhor forma de lidar com as tensões e ansiedades da vida moderna, e as condições sociais que imperam na sociedade tendem, portanto, a estimular as características narcisistas que, em maior ou menor grau, já estão presentes em todo mundo".[16]

---

16 LASCH, Christopher. *A Cultura do Narcisismo: A vida americana numa era de esperanças em declínio.* (Rio de Janeiro: Imago, 1983): p.50.

Além disso, vivemos em uma cultura impaciente e tecnológica, determinada a entender que as coisas devem ser alcançadas "agora"; não se tolera a esperança para o "amanhã". Essa atitude se ajusta muito bem à mentalidade instrumental de querer "consertar tudo", introduzida por Descartes no século 17. O fator tecnológico permeia, hoje, todas as facetas da vida, o que dá ao ser humano a ilusão de liberdade e autolegitimização. Os líderes externalizados são tentados a "consertar tudo". Na realidade, esse tipo de liderança não consegue inspirar de maneira mais profunda, pois, ao interpretar tudo à luz de considerações técnicas, torna inadequados, ou até mesmo inexistentes, os relacionamentos. A tecnologia, apesar de suas promessas de libertação, deixa o homem moderno emocionalmente exaurido, espiritualmente carente e até mesmo internamente dividido e insatisfeito. O narcisismo, portanto, constitui um sintoma de uma cultura moribunda, na qual o ascetismo tradicional é substituído por uma cultura terapêutica indulgente e o tipo de personalidade que passa a dominar é o do homem autoindulgente, exibicionista, sensual e movido pelas aparências externas.

O poder de influenciar outros constitui uma característica da liderança, mas traz suas ambiguidades. Pode significar o poder de controlar, como o de um gerente que confunde gerenciamento com liderança, ou o poder de alguém que guia outros cegamente, como o faz o guru. Esse poder pode também se manifestar no espírito bondoso que ama, inspira e liberta os outros para individualizá-los. Por isso, os líderes não devem ser valorizados simplesmente porque são visíveis, devem ser avaliados pelo conteúdo e pela forma do que projetam sobre os outros. Um líder com ânsia de controle pode rapidamente criar toda uma burocracia, enquanto outro, cuja identidade resida em promover a criatividade em sua equipe, irá atrair novos talentos para seu grupo. Portanto, a ligação entre liderança e projeção torna-se crucial para discernir a saúde de uma organização e avaliar de maneira aprofundada as medidas corretivas que talvez sejam necessárias. Também precisamos reconhecer que liderança não é um conceito estereotipado, pois trata-se de algo fluido, que precisa ser interpretado de maneira abrangente, à luz das contingências da instituição, seus objetivos e também sua história.

Semelhantemente, "espiritualidade" é um conceito difícil de precisar e definir claramente. No fundo, implica, ao mesmo tempo, validar e dar poder, além de promover a ligação e a integração. O problema reside no fato de que, como "liderança" e "espiritualidade" são conceitos vagos, provavelmente serão interpretados e desenvolvidos mais à luz dos conceitos de nossa sociedade secular e narcisista do que de acordo com a revelação bíblica de fé cristã e sua prática.

Podemos interpretar "liderança" e "espiritualidade" como sendo conceitos polares, externos e internos. Se a liderança constitui uma manifestação de minha influência sobre os outros, sobretudo como narcisista, então a espiritualidade é a maneira como eu sou mais influenciado na minha própria pessoa. A preocupação em "tentar ser um líder" pode prejudicar e distorcer a pessoa que eu realmente sou, em função da interpretação dada pelos outros. A "espiritualidade", por sua vez, é o que me dá forma interiormente e me torna um ser único, disponível para os outros. Mas é também o que me revigora, o que me dá poder, o que me traz paixão, desejo, vontade e perseverança.

O lado sombrio da liderança

Isso produz muitas distorções culturais questionáveis, notadamente porque são muito disseminadas e comumente projetadas sobre nós, ditando o que se espera de nós. Ao atuar de maneira competente e eficaz sobre o mundo externo, muitas vezes em detrimento da consciência interna de quem realmente somos, ou de quem deveríamos ser, essa liderança pode receber um reconhecimento falso, o que agravará ainda mais suas características. Frequentemente, os líderes, dependendo de como são vistos como tal, fazem concessões, desenvolvem e aprofundam inconsistências internas, e até passam a temer o autoconhecimento. Passam a exercer a liderança cada vez mais a partir do exterior, ao invés de seu interior autêntico. Podem até temer o adágio socrático "conhece-te a ti mesmo"!

O narcisista, é, por definição, um "ser mirrado", incapaz de relacionar-se e conhecer-se a si próprio. A tendência de nossa cultura de adotar uma identidade funcional, que define a pessoa pelo que ela faz e não pelos seus relacionamentos, gera em nós tendências reducionistas. Nossa cultura materialista faz o mesmo, ao transformar o dinheiro no elemento que controla nossos desejos e valores. Todas essas tendências servem para intensificar ainda mais o narcisismo. Charles Taylor, um moralista perspicaz de nosso tempo, observou que "o futuro parece prometer-nos apenas níveis cada vez mais altos de narcisismo".[17]

O que é narcisismo?

Foi no princípio do século 20 que o conceito de "personalidade" começou a circular no novo meio cinematográfico. Imaginava-se que a "personalidade" era constituída das qualidades que caracterizavam as pessoas famosas nesse novo ramo do entretenimento. Esses eram os "astros" que se destacavam na multidão: narcisistas, obcecados por chamar atenção para si, descaradamente centrados apenas neles mesmos. Ainda que não o fossem em sua vida particular, a indústria cinematográfica assim os projetava. Esses astros eram escolhidos

---

17 TAYLOR, Charles. *As fontes do self: A construção da identidade moderna.* (São Paulo: Loyola, 2013.)

por sua boa aparência, seu carisma e charme, sua sensualidade, e outras formas de magnetismo que lhes permitiam atrair a atenção para si.

No período posterior à Segunda Guerra Mundial, tornou-se necessário redirecionar o potencial industrial, reduzindo a produção de material bélico e aumentando a produção de bens de consumo. Junto com essa transformação, nasceu a indústria da propaganda. Esta tornou-se um poderoso fator de estímulo à autoindulgência. A propaganda foi usada para manipular a cultura do consumo: legitimou-se um novo tipo de terapia social ou cultural, que ditava o que deveríamos "precisar", "desejar", e o que nos "tornaria felizes". Ao oferecer um bálsamo para os descontentes, no processo de promoção do consumismo, o culto da autorrealização como alvo terapêutico avançou, na realidade, de mãos dadas com as grandes empresas e o ramo da propaganda do novo setor de serviços.

Este não é o momento de relatar o crescimento progressivo do narcisismo cultural, mas precisamos conhecer suas principais características. Podemos identificar pelo menos oito características como sendo indicadoras de desvios de personalidade de ordem narcisista:

1. Noções grandiosas de autoimportância, acentuadas por conceitos fantasiosos de liderança.

2. Preocupação com fantasias de sucesso, poder, brilhantismo e beleza ilimitados, que tendem intrinsecamente ao reducionismo e, portanto, em última instância, traem a alma do homem que as persegue.

3. Exibicionismo a serviço da publicidade, para aumentar vendas e gerar falsas expectativas.

4. Fortes sentimentos de raiva, inferioridade, vergonha, humilhação ou vazio diante da crítica ou da indiferença dos outros.

A liderança cristã e a tendência narcisista 137

5. Sentimento de que o mundo lhe deve muito, de modo que o indivíduo é tomado por um profundo sentimento de injustiça, ciúme, inveja e ressentimento quando não é reconhecido.

6. Exploração interpessoal, que leva o indivíduo a derrubar outros que se apresentam como rivais em potencial e que criam alguma ameaça ao ego inseguro do narcisista.

7. Relacionamentos que oscilam entre a superidealização ou então a desvalorização, e nunca se caracterizam pela estabilidade ou constância.

8. Falta de empatia, que torna esse líder incapaz de tratar os outros com sensibilidade e gentileza. No final, os outros se sentem explorados e manipulados.

Heinz Kohut, um brilhante psiquiatra pós-freudiano, começou, nos anos 50, a estudar a centralidade e a essência naturalista do narcisismo. Seus livros *A Análise do Self*[18] e *A Restauração do Self*[19] privilegiaram o conceito de "self", a ponto de fazer surgir uma nova escola, intitulada "a psicologia do self". Isso, por sua vez, abriu caminho para a criação de uma cultura que legitimava o consumismo, que ressaltava "o dever que tenho para comigo mesmo", o direito de autorrealização e muitas outras coisas. Está-se chegando ao reconhecimento de que há uma complexa inter-relação entre as teorias de psicoterapia e os construtos sociais em evolução no nosso estilo de vida moderno.

Assim também, quando os líderes cristãos desenvolvem um forte ativismo em suas vidas, acabam aumentando o grau de irrealismo em seus relacionamentos, pois passam a estar ocupados demais para cultivar relações mais profundas, e até para perceber a importância dessas relações para sua maturidade pessoal. A solução mais rápida é suprimi-las, trabalhando ainda mais, tendo uma agenda bem cheia.

---

18 KOHUT, Heinz. *A Análise do Ser.* Edição original de 1971. (Rio de Janeiro: Imago, 1988.)
19 KOHUT, Heinz. *A Restauração do Ser.* Edição original de 1977. (Rio de Janeiro: Imago, 1988)

Isso permite que a pessoa fuja de uma honestidade interior e negue completamente a importância da vida interior. É nesse momento que "o líder cai", pois ele não é capaz de sustentar por muito tempo suas fantasias narcisistas. A superidealização pode se dar em um nível tão intenso que a vida passa a ser totalmente dominada "pela missão" ou "pelo ministério", e acaba por tornar-se insustentável.

Narcisismo espiritual

A última manobra do ego talvez seja o cultivo do *narcisismo espiritual*, que pode ser definido como o uso inconsciente da prática, bem como da experiência e do discernimento espiritual, para aumentar ao invés de reduzir sua própria importância. Trata-se de uma distorção sutil em que o ego associa a autoimagem com o "tentar ser santo" ou, ainda pior, com o "*ter se tornado* santo". Nessas circunstâncias, a busca espiritual passa a ser um processo de autoengrandecimento, em vez de uma "jornada de aprofundamento da humildade". Em lugar de se viver sob "os benefícios de Cristo", como Calvino o descreveu, a vida religiosa se transforma em autopromoção. Na prática, narcisismo espiritual significa assumir a responsabilidade pessoal de ser seu próprio Salvador, de ser a força que move e molda a própria espiritualidade. Pode significar também que a pessoa acredita que Deus a escolheu especialmente para ter habilidades excepcionais e fazer coisas especiais para Deus. Outra versão consiste em acreditar que, se a pessoa tiver suficiente força de vontade e disciplina, poderá, e deverá melhorar sua autoimagem como cristão. Na realidade, o narcisismo espiritual, como condição, surge toda vez que a pessoa usa sua fé para si mesma, para alcançar sua própria interpretação da "vontade de Deus". É, na realidade, a antítese absoluta da verdadeira espiritualidade, na qual a pessoa se permite experimentar a misericórdia divina, vive com humildade e anda em retidão diante de Deus.

Outra observação associada a esta é que o narcisismo espiritual ocorre quando a pessoa exige muito de si mesma por um tempo muito longo, seja qual for o caminho espiritual que tenha escolhido. É a consequência da teimosia, e talvez também da impaciência, de não confiar em Deus, mas somente em si mesmo. Crenças religiosas e discernimentos especiais podem ser facilmente usados para justificar necessidades psicológicas próprias e racionalizar todos os tipos de impulsos de autogratificação e agressividade. Mas "racionalizar" significa que não encaramos de frente nossas emoções nem lidamos com elas abertamente. As emoções são evitadas, em vez de serem encaradas como medos, dúvidas e outros elementos negativos que fazem parte de nossa condição humana pecadora.

Não podemos nunca nos esquecer de que os inimigos de Jesus eram justamente os líderes religiosos de sua época. A pessoa e o ministério de Jesus Cristo revelaram de maneira muito transparente o narcisismo espiritual, o egoísmo e as motivações políticas de autoengrandecimento desses líderes.

O que pode ser mais grandioso do que alegar que estamos cumprindo nosso ministério no nome e para a glória de Deus? Isso pode facilmente despertar sentimentos de grande poder, de delírios de grandeza e ilusões de importância especial da própria pessoa, e levar à necessidade de controlar tudo. Não se trata apenas de verificar se a pessoa tem sentimentos positivos ou negativos a respeito de si próprio; a autoimagem pode ser levada muito a sério e tornar-se demasiadamente central para a vida do indivíduo. Além disso, valoriza-se uma sociedade voltada para o sucesso, que tem necessariamente uma visão reducionista da vida, que simplesmente reflete a visão volúvel da opinião pública.

A força e a vulnerabilidade do líder narcisista

Um artigo do Harvard Business Review[20] sobre o tema dos líderes narcisistas no mundo dos negócios hoje avalia, com grande sagacidade, seus prós e contras. Do ponto de vista secular, a força desses líderes reside na sua visão grandiosa, no séquito de seguidores e na sensibilidade em relação à crítica. Essas são pessoas que convivem com a grande imagem e, como comentou Bernard Shaw, elas veem coisas que nunca existiram e perguntam: "Por que não?", enquanto outras veem as coisas como são e perguntam: "Por quê?" Em um mundo em rápida expansão, transformado de maneira incrível pela revolução eletrônica, os narcisistas estão se deparando com oportunidades inimagináveis de promover mudanças. Aliás, um dos problemas do narcisista é que suas falhas se tornam mais aparentes à medida que ele se torna mais bem-sucedido. Os narcisistas são bons oradores e conhecem bem a arte de persuadir grande número de seguidores. No entanto, são muito mais dependentes da adulação de seus seguidores do que eles próprios reconhecem. O resultado é que os líderes narcisistas costumam ser muito suscetíveis à crítica e procuram evitar qualquer emoção. Desta forma, protegem-se do autoconhecimento e constroem enormes muros de defesa contra qualquer autocrítica.

Portanto, quanto mais bem-sucedidos do ponto de vista externo, mais profundas se tornam suas falhas. Um grande talento requer reconhecimento em grande escala. Mas a fama nunca constitui um antídoto garantido para a cura das feridas interiores ou dos sentimentos de inadequação. Na verdade, o "êxito" externo pode estar mais

---

20 NACCOBY, Michael. "Narcissistic Leaders: The Incredible Pros, the Inevitable Cons" (Líderes narcisistas: os incríveis prós, os inevitáveis contras), in: *Harvard Business Review*. Janeiro-fevereiro 2000, páginas 69-77. (Disponível em https://goo.gl/NSZjNw. Site em inglês. Acesso em 25/09/2017.)

profundamente associado à "vergonha" interior, com um sentimento alimentando-se do outro como parasita. A forte imagem externa de machão pode estar encobrindo uma frágil imagem emocional interna. No entanto, quanto mais seguro de si tornar-se o líder narcisista, graças à supressão da vergonha interior, mais falsa se torna sua confiança social e mais ele usará a adulação de maneira corrosiva; e isso pode levar o líder a correr riscos cada vez maiores.

Narcisistas não são bons ouvintes, pois eles logo se sentem interiormente ameaçados ao ouvir algo que considerem excessivamente pessoal. Por conseguinte, falta-lhes empatia, embora busquem ardentemente para si a empatia dos outros. Sua inteligência emocional tende a se caracterizar por uma esperteza superficial, própria das ruas, e eles não conseguem sentir a verdadeira empatia. Não gostam de ser orientados, a menos que possam controlar o processo. São também intensamente competitivos: às vezes são implacáveis e muito intensos, e capazes de encontrar mais inimigos do que de fato existem. Não conseguem refletir interiormente e, por isso, desconfiam dos conselhos de natureza mais íntima. Normalmente confiam muito em um confidente íntimo que pode desfrutar dessa posição privilegiada justamente porque não é tão íntimo assim! O narcisista usa suas visões ou ideias a respeito de liderança para fazer a doutrinação da organização ou da instituição e, assim, cria toda uma cultura a partir da autoprojeção. O líder narcisista deseja muito mais controlar os outros do que conhecer-se e disciplinar-se a si próprio.

As personalidades narcisistas vicejam em tempos caóticos, e é por isso que enchem os Vales do Silício em todos os países afetados pela revolução eletrônica. Eles não se escondem mais por trás de suas empresas. Assim como no caso de Bill Gates, suas imagens dominam suas empresas e essas pessoas se tornam mais proeminentes até mesmo que os líderes políticos.

A reorientação para uma liderança cristã

Se um líder for, de fato, influenciar outras pessoas, ele ou ela irá se defrontar constantemente com o fracasso, em relação a si próprio e em relação a outros. Os relacionamentos com os outros nunca são adequados e é justamente aí que os fracassos ficam mais evidentes. É por isso que um espírito quebrantado – o ser "pobre de espírito" – constitui uma qualidade tão essencial para qualquer líder cristão genuíno, pois é a partir da experiência do fracasso, e até mesmo da desgraça social, que um líder vai sendo preparado para pregar o Evangelho da redenção e vai se tornando também um servo de Deus mais humilde e mais sábio. Basta lembrar que Jesus Cristo foi o mais notável fracasso de toda a história! A disposição para correr riscos, o coração aberto, o reconhecimento do pecado, o fato de Jesus ter carregado nossos pecados apesar de não haver nele qualquer pecado, todas essas coisas fizeram dele o ser humano mais relacional de toda a humanidade. E, no entanto, ele era o próprio Deus, aquele que penetrou no mais profundo fracasso quando enfrentou e venceu a morte. É isso mesmo: o fracasso é uma parte intrínseca da realidade do verdadeiro líder cristão. É esta a razão pela qual qualquer líder cristão precisa fazer uma opção crucial: escolher primeiro a fidelidade em vez do sucesso.

Uma das minhas orações prediletas é a de Anselmo, que aparece na introdução de seu *Proslogion*:

> Venha, pequeno homem,
> deixe de lado por um pouco seus afazeres diários,
> fuja por um pouco do tumulto de seus pensamentos.
> Deixe de lado suas preocupações,
> deixe de lado as distrações que pesam sobre você,
> liberte-se um pouco para Deus
> e descanse um pouco nele.

A liderança cristã e a tendência narcisista   143

Adentre a recâmara interior de sua alma;

afaste tudo a não ser Deus

e aquilo que poderá ajudá-lo a buscá-lo.

E quando tiver fechado a porta, busque-o.

Agora, coração meu, diga para Deus:

"Busco sua face,

Senhor, é sua face que eu vejo".[21]

Esse descanso em Deus também se manifesta na grande declaração de Agostinho: "Não procuro entender para que possa crer, mas creio para que eu possa entender; além disso, creio que, se eu não acreditar, não poderei compreender". A realidade de Deus é o que vem em primeiro lugar; a realidade do ser vem depois, já que foi ele quem me criou e me deu para mim mesmo. Portanto, ser conhecido de Deus é muito mais importante do que tentar ser conhecido por mim mesmo.

Jacques Lacan, psiquiatra francês pós-freudiano, atribuiu grande importância à natureza icônica da formação infantil. No espelho que é a face de sua mãe, o bebê indefeso se fixa para identificar as possibilidades projetadas sobre a mãe, de agir em prol dos desejos da criança. Por isso a projeção se desenvolve para desempenhar um papel preponderante na consciência que a criança tem do "outro". Se essa capacidade for reprimida, atrofiada e não puder ser promovida de maneira saudável, as tendências narcisistas serão intensificadas mais tarde na vida.

Embora possamos não nos contentar com essas explicações empíricas e seculares da natureza icônica do ser humano, somos forçosamente lembrados de que, como seres humanos, temos uma natureza icônica. É por isso que o pecador estará sempre condenado a um estado narcisista. Mas nós, cristãos, acreditamos na opção divina da aliança de Deus com o homem, que foi criado "à imagem

---

21 Anselmo de Cantuária. *Proslogion*. (Porto, Portugal: Ed. Porto, 1996.)

e semelhança de Deus" (*imago dei*). Isso implica uma reciprocidade entre Deus e o homem, de modo que, sem Deus, a autoimagem do homem é algo fútil, confuso e, até mesmo, patologicamente distorcido, como o demonstra tão claramente nossa própria cultura. Por causa do pecado e da queda do homem, Cristo é o único "ícone", a única verdadeira imagem e semelhança de Deus. Por isso, a verdadeira humanidade só pode ser definida e expressa em Jesus Cristo, e o verdadeiro líder tem que ser sempre "semelhante a Cristo" e, portanto, estar "em Cristo". O verdadeiro líder cristão deve refletir as palavras de Paulo: *... já não sou eu quem vive, mas Cristo vive em mim...* (Gl 2.20).

Dores e sofrimentos de homens e mulheres de Deus

Marisa Drews

... há tempo de nascer e tempo de morrer; tempo de plantar e tempo de arrancar o que se plantou [...] tempo de espalhar pedras e tempo de ajuntar pedras...
Eclesiastes 3.2,5

QUANTA DIFERENÇA ENTRE A JERUSALÉM dos tempos de Salomão e dos tempos do exílio babilônico! Muros caídos, destroçados, estilhaçados. Aquilo que antes era sinal de glória, de poder e de sabedoria foi ao chão, desmanchou-se. Muros, sonhos e projetos estilhaçados no chão.

Homens e mulheres de Deus também vivem tempos: o que antes era alegria, pode desmoronar. O júbilo de outrora, o primeiro amor, pode se transformar em pranto e lamentos. A glória do passado pode dar lugar à vergonha e à desonra. O humano falha, muros vão ao chão. Mas o corpo cansado e fraco, a alma entristecida e o espírito temeroso são as ferramentas para o recomeço, para a reconstrução.

Quando parecia já não haver esperança, Deus levantou um homem para reconstruir os muros caídos: Neemias. Diante do diagnóstico de miséria e desprezo, de muros derrubados e portas queimadas, Neemias se lamentou, chorou, jejuou e orou a Deus. A tristeza tomou conta de seu coração. Ele clamou ao Deus vivo, levantou-se e buscou ajuda para reconstruir os muros de Jerusalém. Neemias começou uma viagem em direção à reconstrução, ao novo, ao recomeço. À noite, ele se levantou e saiu para contemplar e avaliar os muros destruídos.

Assim como Neemias em Jerusalém, somos convidados a fazer uma caminhada para dentro de nós mesmos. Talvez estejamos vivendo a noite da alma, mas este é um chamado para nos levantarmos, olharmos de perto os muros e, como Neemias, reconhecermos que Jerusalém está assolada, e suas portas, queimadas. Somos convidados a dizer como Neemias: ... *reedifiquemos os muros...* (Ne 2.17).

Os recursos humanos falharam. A glória humana veio ao chão. Nesse momento, nosso Deus amoroso, Deus da restauração e da reconstrução, permite que perpassemos os escombros e entulhos de nossas vidas e, assim como Neemias, vasculhemos cada milímetro, cada canto escondido, movidos pela esperança de novos muros, novas portas e nova história. Assim é Deus: ele refaz, renova, restaura, dá nova vida. A graça amorosa de Deus nos permite crer e viver a reconstrução da vida e da esperança, mesmo em meio aos escombros dos muros caídos e portas queimadas.

Precisamos fazer esta caminhada, mas ela não precisa ser solitária. Este é um convite para uma caminhada conjunta, na qual palavras tornam-se mãos que se entrelaçam, corações que se apoiam, na certeza de que Deus cuida, guarda, ampara e conduz esse mover para dentro de si. Como homens e mulheres de Deus, podemos contar com o Consolador, que nos acolhe e fortalece nesse processo. E é esse convite que se renova agora: uma análise conjunta, para verificarmos as possíveis rachaduras dos muros, as fragilidades, ou até mesmo o perigo do desmoronamento.

Não somos infalíveis. Somos frágeis, vulneráveis. E, caso o muro já tenha desmoronado, precisamos olhar para a história, vasculhar os escombros e os tijolos da alma e selecionar o que será utilizado

Dores e sofrimentos de homens e mulheres de Deus 147

na reconstrução e o que será jogado pela porta dos entulhos, o que segue sendo usado na reconstrução e o que não tem mais utilidade alguma. Esse é um trabalho terapêutico que traz esperança quando feito pela dimensão da graça restauradora de Deus. Quando olhamos para entulhos e escombros apenas pela ótica da sabedoria humana, torna-se desesperador. Quando, porém, deixamos o Deus amoroso e misericordioso nos acolher e nos conduzir para a reconstrução de nós mesmos, podemos contar com a esperança do filho que é conduzido ao novo pelos braços do Pai de amor.

Por isso, precisamos falar sobre dores e sofrimentos de homens e mulheres de Deus, que têm sua Jerusalém exposta por muros caídos, fragilizados, fragmentados e, muitas vezes, destruídos, na tentativa de prevenir que as coisas cheguem a esse ponto.

É tempo de avaliar, diante do espelho da Palavra Viva, do outro e de si mesmo, para evitar o colapso. E se ele já aconteceu, é mais do que urgente caminhar para dentro de si mesmo e fazer uma avaliação, na certeza consoladora de que Deus, em seu imenso amor, acolhe cada tijolo destroçado, limpa, restaura e vivifica. Seja para prevenir ou reconstruir, essa caminhada requer humildade, exige diminuir o passo, fazer paradas. Sem humildade não é possível avaliar, prevenir ou reconstruir. Ninguém é mestre ou doutor de e em si mesmo. Não importa quantos títulos tenhamos, quantos livros tenhamos escrito, quanto somos reconhecidos mundo afora. Nada disso conta quando os muros caem. Somos humanos e frágeis, propensos a colapsos, rachaduras e desabamentos. Orgulho é morte em vida, é decorar o muro por fora enquanto há estacas frágeis segurando por dentro, é não suportar nem sequer falar sobre isso, como se estivesse imune a fragilidades e somente o muro do outro fosse frágil e o nosso, indestrutível.

Nessa caminhada para dentro de nós, temos o amor de Deus Pai, que é miraculoso, envolvente, perpassa o ser, muito além de nossas entranhas. Esse amor gracioso de Deus nos permite olhar para dentro de nós mesmos e, apesar do que vemos, continuar sendo amados e aconchegados por ele. Amados como pequeninos que precisam de seu colo e carecem de seu abraço protetor e amoroso, pois as misericórdias de Deus se renovam a cada manhã. Esse amor do Pai que acolhe o filho nos impulsiona a prosseguir na caminhada da vida.

É nessa identidade de filhos do Pai amoroso, que alerta, corrige, traz à luz as rachaduras e fragilidades e restaura o que precisa ser restaurado que propomos parar a fim de olhar para dentro de nossas famílias.

Ao fazer isso, há o risco de não gostarmos do que vemos, de tentarmos fugir para não admitir o que está aqui dentro. O amor de Deus, porém, capacita-nos a olhar e nos revela a verdade sem nos destruir. Ele cola e restaura pessoas despedaçadas pelos males do desamor. É possível que, ao longo da caminhada, muitos sentimentos e pensamentos aparentemente contraditórios venham à tona. É preciso, porém, colocar diante de Deus esses sentimentos e pensamentos, sensações, dores e dissabores, para que ele os trabalhe e os transforme em nós e a partir de nós.

Não há receitas mágicas para restauração. Não é um trabalho rápido, é exaustivo. Olhar para dentro nem sempre é fácil, mas é necessário. Depois de viver o colapso dos muros na vida pessoal, conjugal e familiar, faço esse convite para avaliar enquanto ainda é possível, para evitar o estilhaçamento do corpo, da alma, da mente e do espírito. O preço é muito alto. O processo é muito longo, as dores são quase insuportáveis, os danos, imprevisíveis. É preferível evitar o colapso. É muito mais saudável prevenir a destruição. Quanto sofrimento poderia ser evitado se deixássemos o Consolador curar e restaurar, se buscássemos ajuda e reconhecêssemos nossa humanidade e fragilidade diante de nós mesmos, do outro e de Deus, antes de acontecer o colapso. Quantos padrões neuróticos de perfeição seriam transformados pelo agir amoroso de Deus, que deseja nos dar uma identidade de filhos, carentes de misericórdia e graça a cada novo dia.

O meu caminhar dos últimos anos, o rachar dos muros, o desmoronamento e a reconstrução têm me ajudado a refletir sobre o quanto algumas patologias podem intensificar dores e sofrimentos de homens e mulheres de Deus, principalmente se estiverem camufladas com ensinamentos bíblicos, podendo tornar-se padrões neuróticos de comportamentos disfarçados de espiritualidade. Como líderes, corremos o risco de justificar neuroses por meio da Bíblia, legitimando padrões comportamentais nocivos para a vida pessoal, familiar e da igreja. Exigências, cobranças e estereótipos às vezes vão muito além do que o próprio Deus requer em sua Palavra. Neuroses e, em alguns casos, até mesmo psicoses e transtornos de personalidade, são disfarçados em ensinamentos bíblicos e adotados como padrões de espiritualidade.

Cada vez mais vemos pastores e líderes dedicados quase exclusivamente ao público, orientando e dirigindo grandes massas, mas não conseguindo orientar suas próprias vidas e famílias, que acabam despedaçadas, e muitas vezes responsabilizam a igreja ou os membros por suas angústias e dores. Muitos precisam culpar a igreja, a sociedade, seus pais ou, até mesmo, Deus por seus problemas e dificuldades, como forma de fugir de sua própria responsabilidade. Sabemos que instituições religiosas e missionárias, grupos religiosos e igrejas podem ser extremamente cruéis e causar sérios danos bio--sócio-psico-espirituais. Mas queremos ressaltar aqui a corresponsabilidade de cada um nesses danos. Não é nossa pretensão eleger um inimigo externo contra o qual lutarmos, afinal, há os que culpam o espelho pelo que nele veem.

Muitas vezes, líderes guerreiam contra líderes, na ânsia de encontrar um inimigo externo contra o qual lutar e gastar energias, uma vez que não conseguem parar e perceber seus problemas internos. Alguns lutam contra a estrutura da igreja, as autoridades eclesiásticas, os presbíteros. Outros lutam contra irmãos ou quem pensa diferente. Pastores brigando contra pastores, líderes contra líderes, denominações contra denominações, teologias contra teologias, departamentos contra departamentos, em uma luta ferrenha para ver quem está com a razão e na mão de quem o poder se perpetuará. Lutam uns contra os outros como se tivessem que derrotar um inimigo externo que é visto e sentido como uma ameaça. Assim, membros se reúnem para excluir pastores que não lhes agradam, pastores excluem membros que se lhes opõem, e a vida na igreja e, infelizmente, a vida de fé transforma-se em uma luta constante, com tão pouco espaço para a alegria e o contentamento. Homens e mulheres de Deus não se dão conta da brevidade da vida, não celebram, arrastam-se com fardos pesados em seus corpos, sua alma e seu espírito. Movem-se com amarras em seus pescoços[22], que os aprisionam, sufocam e atormentam. A vida torna-se uma batalha, não se dão conta de que seus maiores inimigos podem estar dentro de si mesmos quando racionalizam tudo e todos, como se pudessem ser amigos apenas daqueles que comungam dos mesmos ideais. Muitos parecem meninos mimados que não cresceram por dentro. Não desistem das coisas próprias de meninos.[23] Sofrem muito porque não conseguem conviver com o diferente, parecem lutar contra moinhos de vento, tal qual Dom Quixote, sem se darem conta do que acontece dentro de si.

Assim, "o conflito familiar não resolvido continuará oculto enquanto a família permanecer unida contra o inimigo externo".[24] Conflitos podem ser disfarçados, racionalizados, intelectualizados, reprimidos ou negados, mas, mais cedo ou mais tarde, virão à tona, de uma maneira ou de outra. Às vezes esses conflitos aparecem como

---

22 ... *solta-te das cadeias de teu pescoço, ó cativa filha de Sião* (Is 52.2).

23 ... *quando cheguei a ser homem, desisti das coisas próprias de menino* (1Co 13.11).

24 RICHTER, Horst. *A família como paciente*. (São Paulo: Martins Fontes, 1990): p.11.

Dores e sofrimentos de homens e mulheres de Deus 151

pequenas rachaduras, às quais não é dada a devida importância porque se corre de um lado para o outro na obra que se supõe ser para Deus. A rachadura vai se alastrando porque homens e mulheres estão correndo, trabalhando, fazendo para Deus o que este nem lhes pediu.

E nessa luta desenfreada pelo fazer, muitas vezes de um modo estereotipado e padronizado pelas neuroses humanas, homens e mulheres de Deus distanciam-se da essência, de si mesmos, correndo o risco de ficarem perdidos dentro de seus próprios muros, ou pior, ficam perdidos fora dos muros, fora de si mesmos, sem encontrar o caminho de volta. Como filhos de um Deus amoroso e gracioso, aos poucos distanciam-se da intimidade com o Pai e passam a viver movidos pelas exigentes expectativas humanas, correndo o risco de se tornarem reféns de ritos religiosos mecânicos. A religiosidade, lentamente, substitui a espiritualidade, o rito substitui a presença, o tempo a sós na intimidade com o Pai passa a ser substituído pelo público. Passam, assim, a gostar da luz do grupo, do público. Há o risco de gastarem excessiva energia no esforço de esconder erros, pecados, dissonâncias, fragilidades e neuroses. As rachaduras passam a ser negligenciadas.

A busca pela imagem ideal, lentamente, toma conta. Tornam-se, aos poucos, seres estereotipados, religiosos, mecânicos, frios. Parecem servir a Deus como Senhor, mas não conhecem Deus como Pai. Assim como a igreja em Éfeso[25], o primeiro amor é abandonado. Há obras com perseverança (Ap 2.2), mas a religiosidade vai tomando conta e, aos poucos, parece chegar às estranhas. Há tanto desgaste com a aparência que falta energia para celebrar a vida, para a oração, para o relacionamento vívido e íntimo com Deus, para a caminhada segurando na mão do Pai. Com o tempo, nem suportam mais ouvir falar em olhar para dentro. Passam a não suportar questionamentos e

---

25 ... *abandonaste o teu primeiro amor. Lembra-te, pois, de onde caíste...* (Ap 2.45).

a crer no que aparentam. Muitos homens e mulheres de Deus perdem o contato com seus sentimentos, com sua condição falha, humana e pecadora. E, quanto menos humanos se tornarem, mais automatizados e estereotipados se afastarão de si mesmos, dos outros e de Deus.

Pastores, líderes e suas famílias enfrentam uma realidade complexa que não pode ser analisada de maneira simplista. Há várias abordagens possíveis quando trabalhamos a questão da liderança cristã hoje no Brasil. Há inúmeros pontos de vista diferentes a considerar quando se trata de relações interpessoais e intrapessoais. Independentemente da linha de abordagem, quero ressaltar o papel fundamental da introspecção, do autoexame, da caminhada para dentro, a fim de examinar a vida interior, sentimentos, pensamentos, prazeres, desprazeres, alegrias, frustrações, erros, acertos, sucessos, fracassos, núcleos saudáveis e possíveis sinais de doenças, medos, certezas, inseguranças, fragilidades e pecados à luz da Palavra de Deus.

É preciso também buscar ajuda profissional em todas as áreas necessárias. Quando pastores e líderes apresentam sinais de doença, seja qual for sua causa, precisam se humilhar e aceitar ajuda. Não há tratamento sem humildade. Tratar-se é colocar-se na mão do outro, é *deixar-se conduzir* pelo caminho da cura e da restauração. Esse *deixar-se conduzir* é fundamental para que não haja o colapso, sem negligenciar a importância da centralidade da Palavra de Deus, do relacionamento pessoal com Deus e da oração no processo de cura e restauração. Pastores e líderes, homens e mulheres de Deus, precisam cada vez mais resgatar a espiritualidade da presença, da intimidade com o Pai, do aquietar-se na Palavra e na oração. Parece simplista, mas as vidas de muitos pastores e líderes são restauradas por meio do resgate da vida devocional, da presença e do contato pessoal com o Pai pela Palavra, oração e quietude diante de Deus.

Dores e sofrimentos de homens e mulheres de Deus   153

Vivemos em uma época na qual homens e mulheres de Deus são chamados a observar suas ações e reações internas, a refletir sobre os reais motivos de seu comportamento. Muitos "lidam com a caricatura da realidade, entremeada de inúmeras projeções inconscientes de seus próprios problemas interiores".[26] Quando buscam ajuda para essa caminhada, são auxiliados a analisar em que medida a realidade é distorcida ou, até mesmo, caricaturizada pelos conflitos internos inconscientes. Não podem, porém, cultivar a fantasia de que a complexa análise dos problemas internos seja a resolução dos problemas interpessoais. Por outro lado, também não é completa a alegação de que os males decorrem meramente das injustiças e pressões sociais, do papel que o indivíduo ocupa no sistema. Fatores bio-sócio-político-econômico-culturais são condições que favorecem o surgimento de neuroses ou psicoses. Não estamos aqui para discutir linhas terapêuticas de tratamento e prevenção. Estamos tentando alertar homens e mulheres de Deus para sua corresponsabilidade em meio a dores e sofrimentos que enfrentam. Pastores e líderes não podem ser considerados vítimas de um sistema doentio, mas corresponsáveis por esse sistema.

Na verdade, quando homens e mulheres de Deus rejeitam essa caminhada para dentro de seus muros, podem se tornar uma ameaça à integridade e à saúde da igreja, da família e de si próprios, pois preferem eleger um inimigo externo como o maior empecilho para o fortalecimento de suas vidas, famílias e igrejas e não percebem o quanto eles mesmos são os verdadeiros empecilhos.

Muitos aprenderam comportamentos estereotipados, ditos espirituais, mas que podem estar permeados de atitudes neuróticas de uma religiosidade estéril. Alguns atribuem a Satanás o que é da ordem do humano, do caráter. Outros, atribuem ao sócio-político--econômico o que é da ordem do indivíduo, isentando-se de sua

---

26 HORST, *A família como paciente*, p.15

responsabilidade pessoal nas patologias pessoais, familiares e da igreja. A Palavra de Deus é muito clara quando chama homens e mulheres de Deus para se examinarem.[27] Na verdade, é preciso que líderes e pastores tenham a disposição de sempre avaliar seus padrões de espiritualidade.

Afirmamos, sem receio do exagero, que muito do que temos visto na igreja evangélica brasileira são manifestações narcisistas de seus pastores e líderes. Por que narcisistas?

O narcisista, em geral, sente necessidade de agradar, de ser visto, ouvido, apreciado e admirado. Essas são necessidades inerentes ao ser humano, mas a dose no narcisista é muito maior. Pastores e líderes narcisistas comportam-se, mesmo inconscientemente, como se o mundo fosse um palco. Vivem em função de agradar, voltados para a imagem, para o que os outros vão pensar deles. Seu bem-estar depende muito de como o mundo e as outras pessoas ao redor reagem às suas atitudes. No fundo, conforme afirma Brennan Manning,

> "cristãos que se escondem continuam vivendo uma mentira. Negamos a realidade de nosso pecado. [...] Se dissimulamos as feridas por medo e vergonha, as trevas dentro de nós não podem receber luz nem iluminar os outros."[28]

Narcisistas precisam muito da confirmação e dos elogios dos outros, que servem de incentivo para continuarem vivendo em função da imagem. Têm alto grau de dependência do estímulo externo. Como não conseguem produzir dentro de si os impulsos necessários para seu agir, precisam de uma plateia que assegure a atmosfera da imagem ideal, mesmo que o palco para esse desempenho seja o púlpito da igreja, ou ainda o culto desenfreado da imagem nas redes sociais. Sentem-se inseguros quando não têm mais ao seu redor uma plateia interessada no seu espetáculo, no seu desempenho.

---

27 *Examinai-vos a vós mesmos se realmente estais na fé; provai-vos a vós mesmos. Ou não reconheceis que Jesus Cristo está em vós? Se não é que já estais reprovados.* (2Co 13.5).

28 MANNING, Brennan. *O impostor que vive em mim.* (São Paulo: Mundo Cristão, 2007): p. 31.

Dores e sofrimentos de homens e mulheres de Deus

É realmente muito doloroso quando narcisistas têm que enfrentar o abismo entre o faz-de-conta do mundo teatral da imagem idealizada e a realidade concreta, e muitas vezes cinzenta, da vida real. Precisam, constantemente, convencer a si mesmos, e aos outros, de que sua imagem é o verdadeiro mundo, é a realidade. "Se deixar de acreditar nisso, nada mais lhe restará senão um vazio deprimente."[29]

Um dos aprendizados mais difíceis para narcisistas é reconhecer que não se pode manipular nem enganar Deus. "Ele não nos dará mais atenção se calculadamente procurarmos nos tornar seu filho ou filha favoritos. Uma das coisas que temos de abandonar é nossa expectativa de glória."[30]

Narcisistas buscam sucesso ministerial. E qual a relação disso tudo com dores e sofrimentos de homens e mulheres de Deus? Buscam o sucesso ministerial para sua própria glória humana. Costumam afirmar que é para a glória de Deus mas, quando fazemos uma análise mais profunda, percebemos que não passa de uma ânsia pela glória humana. O desejo de alcançar a plenitude de nosso potencial e ser reconhecido pelos outros é normal e saudável. No entanto, quando a pessoa tem uma necessidade exagerada de admiração, esse desejo pode transformar-se em compulsão e, infelizmente, muitos homens e mulheres de Deus não reconhecem suas motivações narcisistas.

A vida de um narcisista é, inconscientemente, dedicada à criação do que alguns psicólogos denominam um "eu idealizado", para ser admirado pelos outros. Assim, costumam ter desempenho impecável em certos papéis, devido à grande necessidade de aceitação social. Têm certa compulsão em manter uma imagem idealizada, seja ela física, espiritual, emocional, conjugal ou ministerial. Tudo, aparentemente, em nome do bom testemunho. Na verdade, porém, uma análise mais precisa vai indicar que as motivações estão muito mais

---

29 HORST, *A família como paciente*, p. 80.
30 BARNES, M. Craig. *Quando Deus abandona*. (São Paulo: Diagrama & Texto, 1998): p.35.

ligadas a manter a boa imagem criada do que ao bom testemunho. Portanto, dar um bom testemunho e ser um excelente exemplo seria tentar não revelar suas fraquezas e deficiências. Está implícita a obrigação de desempenhar com perfeição os papéis que lhes são atribuídos segundo padrões humanos idealizados e perfeccionistas. Ocorre, assim, o endeusamento do pastor, do líder e de sua família. A família precisa ser perfeita!

Há famílias de pastores e líderes que se sentem imensamente cobradas em seus papéis perante a igreja e os irmãos na fé, inclusive por outros pastores e líderes. Sentem-se pressionados a estar sempre bem, a agir como se não tivessem problemas e como se precisassem estar sempre pensando nos outros, como se devessem estar sempre prontos a ajudar. Esposas sentem-se sufocadas pela cobrança de um comportamento padrão a ser seguido. Filhos sentem-se sufocados por estereótipos rígidos e ultrapassados.

Cobrados por quem? Sufocados por quem?

Além das cobranças externas, arriscamos dizer que são muito mais cobrados por eles mesmos, por suas necessidades internas de agradar, por sua compulsão narcisista de manter a imagem perante os outros. O problema é quando essas cobranças externas encontram eco nas internas. O externo é amplificado pelas exigências e cobranças internas. É claro que os outros cobram, mas homens e mulheres de Deus são chamados a não permitir que essas cobranças os dominem e subjuguem. A atitude de deixar-se cobrar é uma decisão interna de cada um. Narcisistas têm o poder de, inclusive, acentuar e reforçar essas cobranças externas, porque deixam-se mover pelas mais altas expectativas humanas sobre si.

Na tentativa de manter as aparências, muitos insistem em dizer que está tudo bem, quando, na verdade, não está. Em outras palavras, reparam e pintam o muro por fora, quando internamente há rachaduras, algumas quase imperceptíveis e outras, bem visíveis.

Dores e sofrimentos de homens e mulheres de Deus   157

Dificilmente pedem ajuda, pois temem que os outros percebam sua vulnerabilidade.

Líderes narcisistas também podem se tornar permissivos, apenas para não serem malvistos. Tornam-se líderes que agradam os outros, messiânicos, salvadores, cercados de bajuladores. Precisam que os outros necessitem deles. Correm o risco de ter dificuldades para dizer não, pois não querem desagradar. "Quem não sabe dizer não para os outros, acaba dizendo não para si."[31]

> "As pessoas que não sabem dizer NÃO têm problemas para fixar prioridades. Quando não dizemos NÃO, do ponto de vista prático, estamos dizendo SIM. Se não estabelecemos limites para as exigências dos outros, abrimos as portas para eles, passamos a imagem de que estamos sempre às ordens. E isso vai influenciar as pessoas a continuarem batendo à nossa porta, na hora que elas quiserem, como elas quiserem e pelos motivos que desejarem."[32]

A incapacidade de negar os pedidos dos outros nos torna incapazes de proteger o nosso tempo, a nossa energia e o nosso entusiasmo. Com o tempo, nos tornamos sobrecarregados, frustrados, exaustos e tensos, e não sabemos o motivo do desgaste. Passamos a crer que o motivo está fora, nos outros, no grupo, na igreja, na congregação, na denominação.

Alguns líderes regem suas agendas como sinfonias a serem apreciadas por um grande público. Agendas regidas por si mesmos e seus padrões egocêntricos, determinando que Deus os abençoe em suas idas e vindas, em suas sobrecargas na obra do Reino. Vão adiante de Deus e esperam que ele os abençoe em suas exigências e demandas.

São líderes que sofrem da "Síndrome do Bom Pastor". Assumem para si o papel do Bom Pastor do Salmo 23. Agem como supridores do que os outros precisam, como se eles mesmos fossem o bom

---

31 FALCÃO, Guilherme. "Jesus: O Médico dos médicos", In: *Em tempo de discipulado*, Gerson Fischer, ed. (Curitiba: Encontrão, 1994.)

32 SCHENKEL, Susan. *A mulher bem-sucedida*. (São Paulo: EPU, 1988), p.70.

pastor. Esta torna-se uma atividade exaustiva com o passar do tempo. Por outro lado, quando estão em sua casa, no seu lar, sem espectadores, pode ser difícil dar aos filhos a atenção e o carinho de que necessitam, pois ficam exauridos pelo cansaço de tanto trabalhar em função dos outros. Muitos, porém, na sua vida privada, deixam vir à tona suas amarguras e frustrações.

Mas ainda há esperança para cada um de nós: somos filhos amados de Deus!

Muitas vezes, quando oprimidos, somos tentados a procurar soluções imediatas, mágicas, na ânsia de acabar logo com o sofrimento. Afinal, quanto antes nos libertarmos do problema, melhor. Contudo, a restauração de muros internos fragilizados ou desmoronados não é rápida nem fácil. É um processo que custa muito.

Vários autores afirmam que o colapso pode ser saudável, pois pode trazer uma nova perspectiva de vida. Do ponto de vista de quem já viveu o colapso no corpo, na alma, no espírito e nas relações, posso dizer que saudável mesmo é parar antes, é evitar o colapso. Mas, a partir dele, podemos reestruturar nossas vidas e passar a viver de modo mais saudável. A dor do colapso é muito intensa, quase insuportável, e o custo é tão alto que alguns, infelizmente, chegam a pagar com a vida, enquanto outros decidem tirar a própria vida.

Eu gostaria de fazer-lhe um convite para a reflexão, para a volta ao primeiro amor, para o resgate da oração e do momento devocional diário. Um resgate do simples, do caminhar descalço, do café com os amigos, do jogar bola com filhos e netos, da caminhada com o cônjuge. Deus não precisa de nossas atividades, do nosso fazer. Por isso, gostaria de reforçar esse convite para voltar à simples e incomparável presença do Pai Amoroso, que acolhe o filho e lhe restaura a vida. Um convite para a vida, enquanto é possível resgatá-la.

Dê uma parada para avaliar os muros, para olhar os detalhes a fim de identificar fragilidades. Convide a pessoa amada para examinar os muros com você. Juntos, busquem um especialista, se necessário. Deem-se as mãos, entrelacem os corações e, juntos, busquem o Pai Amoroso, o maior interessado em restaurá-los.

Será que você ainda sabe quem é? Para que você veio e vive? Para quem vive? Qual a razão de sua vida? Você não precisa ser perfeito. Deus é perfeito. Seja autêntico diante de Deus, de si e dos outros. Autêntico em seus erros e acertos. Escolha alguém diante de quem você desnuda a alma e o espírito, e faça-o sem medo. Não um desnudar-se narcísico, exibicionista, mas para ser curado, restaurado, renovado.

Vivemos tempos difíceis, em que o amor está esfriando. Vivemos tempos de sequidão da alma, dos afetos, do espírito.

Sonhe e lute para que sua família seja autêntica porque sabe conviver com as diferenças, dores e dissabores; porque consegue colocar diante de si, do outro e de Deus o seu pecado. Não podemos tratar como patologia o que é pecado. Patologia nós tratamos. Pecado nós reconhecemos. Deles nos arrependemos, confessamos e abandonamos.

Sonhe e lute para que sua família seja equilibrada porque consegue conviver com suas fragilidades e assume sua identidade de filhos de um Deus amoroso, porque é autêntica em seu desequilíbrio, porque reconhece suas imperfeições diante do Pai que nos ama e nos acolhe.

Todos nós trabalhamos com pessoas, e

> todo aquele que deseja ajudar alguém precisa conhecer a si mesmo, suas fraquezas, doenças e feridas. O que adoece a gente é não sermos o que verdadeiramente somos. Alguns chegam perto da ferida e param; outros desculpam-se pela falta de tempo, de dinheiro... Outros ainda responsabilizam a família ou amigos por suas dificuldades. Só uns poucos conseguem perseverar, libertar-se dos traumas interiores e viver saudavelmente.[33]

---

33 Falcão, "Jesus: o Médico dos médicos".

Que Deus nos dê coragem e ânimo para vivermos como uma família autêntica em nossas feridas e dificuldades. Que ele nos dê ânimo e criatividade para suplicarmos que sare nossas feridas, que nos ensine o que ele deseja ensinar e não somente o que queremos aprender.

Que Deus nos capacite a sermos mais autênticos em nossos desequilíbrios, com nossos véus desvendados, mesmo que parcialmente. O falar sobre os desequilíbrios é condição importante para a saúde de uma família, para que as pessoas não fiquem amarradas umas às outras por suas patologias e seus pecados.

Que Deus nos fortaleça para um certo balanceamento entre o que somos, o que gostaríamos de ser e o que verdadeiramente podemos ser, em uma busca por autenticidade diante de Deus Pai, Filho e Espírito Santo.

Que Deus nos ajude a, como filhos, ouvirmos o que ele deseja que sejamos. Que nos capacite a crermos que ele verdadeiramente tem o melhor para nós, muito além do que qualquer expectativa humana.

Termino parafraseando Neemias:

"Pai, já desfaleceram as forças dos carregadores, e os escombros são muitos; de maneira que não podemos edificar o muro. De todos os lados subirão contra nós.

Filho, eu pelejo por você. Não tema os de fora. Lembre-se do Senhor, grande e temível, e peleje por seus filhos, filhas, por sua esposa, por sua casa" (Ne 4.10-20).

Ainda dá tempo para restaurar sonhos, muros, vidas.

A vida é feita de tempos.

Ainda há tempo...

A busca por um estilo de liderança[34]

Avaliando a própria trajetória

Lyndon de Araújo Santos

TODA EXPERIÊNCIA MINISTERIAL É ÚNICA devido a, pelo menos, duas razões: a "multiforme graça de Deus" manifesta criativamente a cada um no Corpo de Cristo e o fato de sermos individualmente únicos em personalidade, temperamento e nas experiências de vida. Relatar e avaliar a própria trajetória, ainda pequena em meus doze anos de exercício ministerial, só tem sentido se esta for compreendida nas circunstâncias de sua origem e formação, assim como das muitas influências, sobretudo divinas, que me enriqueceram.

Procurei olhar para minha caminhada, então, como uma "experiência" que não se propõe a ser final, mas uma das inúmeras manifestações dessa graça em uma geração da qual me sinto parte. Quando falamos de *trajetória* invocamos as ideias de *percurso* e de *peregrinação*, de um ministério ainda inacabado e sempre em direção aos lugares nos quais Deus ainda quer fazer-nos aportar. Enfim,

---

34 O autor manteve o texto da edição de 2003, publicado pela Encontro Publicações, sendo agora revisado conforme o novo acordo ortográfico

a busca de um estilo pastoral bíblico, profético, encarnado e miseri-cordiosamente conduzido por Deus.

A geração dos anos 70 a 90: influências, dores e sonhos

Desejo fazer o exercício de ver a mim mesmo identificado e marcado pelos últimos 30 anos e, a partir deles, testemunhar algo da trajetó-ria pessoal no ministério pastoral. Nascer e crescer nas últimas dé-cadas ainda não é algo totalmente absorvido. A consciência pessoal como gente, cidadão, profissional, cristão e vocacionado ao ministé-rio pastoral tem sido influenciada por este tempo.

Faço parte dessa geração de pessoas que são evangélicas desde o nascimento. O meu berço foi uma denominação numericamente pe-quena e considerada "histórica". As Igrejas Congregacionais no Brasil acolheram os legados da Reforma do século 16, do puritanismo e do pietismo. Mas, como igreja, adquiriu marcas nativas e distanciou-se de suas possíveis raízes europeias. Assim como outras denomina-ções, estabeleceu-se aqui em meados do século 19 e 20.

Cresci no meio de igrejas locais independentes, localizadas em su-búrbios do Rio de Janeiro, como a Baixada Fluminense. Esta região se desenvolveu nos anos 70 como "cidades dormitórios" dos traba-lhadores do centro do Rio. Particularmente a Baixada Fluminense foi vítima de discriminações, como a região que tinha o maior índice de violência do Estado. Em contraste com este quadro de violência, Nilópolis viu crescer o Evangelho, as igrejas e as experiências de uni-dade entre os pastores na cidade nos anos 70 e 80. A imagem de inú-meros cristãos na praça comemorando o Dia da Bíblia, com a euforia da comunhão e a disposição de pregar o Evangelho, ficou marcada na minha memória e na minha alma.

Ouso falar do querido pastor Ivaldo Ribeiro Soares, homem de Deus, que foi o primeiro líder e presidente da Associação de Igrejas da cidade. Um verdadeiro construtor da unidade, zeloso pela simplicidade da pregação e da vida evangélica. Sua capacidade de conciliação e sua piedade transparente ficaram como modelos de uma liderança bíblica e profética.

Na comunidade da qual fazia parte, foram transmitidos padrões de cristianismo, de igreja, de espiritualidade e de ministério pastoral. O modelo de ministério pastoral poderia ser assim qualificado: era predominantemente masculino e de tempo integral. Sendo autossacrificial, era movido pelo romantismo. Caracterizava-se pela dependência absoluta ao Senhor e o desprendimento material. Era centralizado na pregação e na administração eclesiástica. Enfim, o que se esperava do ministro é que ele fosse o centro da igreja, de dedicação integral e com uma família extensa e consagrada em sua retaguarda.

No entanto, em que pesem as críticas a este e a outros padrões que a igreja dos anos 70 e 80 construiu, foi nesta experiência vital que eu experimentei o amor de Deus e tomei consciência do Evangelho, da Palavra, da vida de oração e da missão. A graça de Deus prevaleceu quando da minha conversão em julho de 1982. O próprio Evangelho e o Espírito Santo reservaram processos de crises e descobertas nas quais me vi envolvido.

Esse processo desdobrou-se na minha vocação ministerial que, nos anos de 1984 a 1987, se identificou com o modelo acima descrito por pura falta de alternativas. Mas vivia a inquietação quanto a este modelo sem que houvesse muita clareza quanto às motivações. Então, continuamente, estive envolto no dilema de querer amoldar-me àquele modelo, mas carecia de inteireza e convicção. E assim eu vivia perguntando se aqueles gestos, discursos, jargões e, sobretudo, a mentalidade daquela identidade pastoral, eram adequados e pertinentes para a realidade em que vivia.

Junto com o despertamento para o ministério e sua formação teológica no seminário, cresceu o desejo de entender os tempos em que eu vivia. Lembro-me do confronto que fazia todos os dias, na ida e na volta, entre o que ouvia nas aulas de teologia e o que via no cotidiano de viagens de trem pelo ramal Japeri da Central do Brasil. Confesso que os sentimentos que vinham eram confusos, ora de compaixão, ora de angústia, ora de solidariedade e ora de tristeza. Aquele pedaço de multidão aflita e exausta, como ovelhas carecendo de pastoreio, fez-me constatar que faltava algo em termos de aspiração cristã e ministerial.

Era preciso entender as razões deste mundo mais amplo no qual eu me encontrava e vivia dia a dia. E era necessário também entender a própria igreja. E foi assim que nasceu a opção por estudar História, o que aconteceu de 1989 a 1992. A teologia, tal como era dada nos seminários, não construía pontes com questões da vida e não nutria o ministério de ferramentas críticas para uma atuação mais profética. Contraditoriamente, também desestimulava o estudo científico e sistemático da realidade como sendo perigoso à fé e à ortodoxia.

Experimentei, pois, o chamado ministerial neste processo rico e acelerado, repleto de mudanças. A vida das igrejas evangélicas e das denominações tornava-se cada vez mais plural em suas tendências teológicas e litúrgicas. O conflito herdado dos anos 60, marcado pelo conflito pentecostal versus tradicional, já estava longe de ser o principal item na agenda de preocupações. As dificuldades que experimentava quanto ao diálogo com as questões contemporâneas levariam a revisões junto aos modelos de ministério que percebia como estabelecidos até então.

Há uma geração de pastores jovens, oriundos e formados neste contexto. Os modelos do passado não são, pois, a resposta absoluta para as necessidades de hoje. Por outro lado, no entanto, recusam-se a ser tragados por um modelo empresarial de ministério que hoje é predominante. Essa geração também não se satisfaz com um simples amoldamento às estruturas eclesiásticas de suas denominações, ainda que elas tenham seu papel. Experimentam, então, uma crise saudável e profética quanto a modelos e alternativas ministeriais.

Igreja, universidade e cidade: esferas demarcadas por Deus

Creio que Deus tem demarcado esferas de ação ministerial que são complementares no seu propósito, tal como o apóstolo Paulo afirmou aos coríntios no capítulo 10 de sua segunda carta.

Minha primeira experiência pastoral se deu em Ribeirão Preto/SP, de 1988 a 1995, e foi de fundamental importância. Naqueles anos, participei de um ministério pastoral em equipe, em uma comunidade plural em "dons, serviços e realizações". A equipe pastoral buscava complementar-se em seus dons e cumprir a vocação de suprir os "santos para o desempenho do seu serviço". Fiquei responsável pela parte do ensino na igreja, desde a escola dominical, passando pelos grupos familiares de estudo bíblico, até o início de um curso teológico.

A comunidade Congregacional em Ribeirão Preto alcançou significativa visibilidade na cidade devido também ao seu envolvimento assistencial, principalmente com o trabalho de recuperação de meninos e meninas de rua através de uma casa-lar. Tal como anos atrás, ali também pude ver nascer uma frutífera fase de unidade entre pastores e igrejas na cidade.

Assimilei, então, práticas ministeriais em um período de aprendizado. Vi nascer, então, um estilo de liderança: o trabalho em equipe, o zelo pela unidade da igreja, o envolvimento em questões sociais, a tolerância para com as diferenças, a importância da diversidade dos dons e a solidariedade na ajuda ministerial. Este foi um tempo no qual refiz aquele modelo "tradicional". Do pastor centralizador e que se constituía no centro de todas as esferas da vida eclesiástica, foi possível perceber a realidade de uma vocação pastoral voltada para as necessidades da cidade, em que o pastor se entendia como um capacitador dos santos no Corpo de Cristo (Ef 4.7-16).

Contudo, Deus ainda me inquietava, mostrando-me a necessidade de amadurecer mais experiências na área familiar, profissional e ministerial. Só que a geografia divina foi surpreendente! E assim, toda a nossa família, composta do casal e três filhas, se viu enviada para a região Nordeste. Com toda certeza, o chamado missionário de minha esposa foi e tem sido um alicerce sólido no nosso relacionamento e no ministério que temos em comum. Os anos em Ribeirão Preto haviam forjado um relacionamento matrimonial marcado por um coração e uma visão e coração desprendidos, prontos para obedecer à vontade soberana de Deus.

Chegando em São Luís do Maranhão, em julho de 1995, o desafio inicial foi o de conhecer particularidades da vida e nos adaptarmos ao novo ambiente. A pequena comunidade na qual iríamos trabalhar ficava entranhada em um bairro de classe média baixa, de semiperiferia e cercado de *invasões*, como é comum nas capitais do Norte/Nordeste. Sua situação era delicada, pois já estava há seis meses sem liderança pastoral. O desafio que estava diante de mim era descobrir as esferas de ação demarcadas por Deus que, com o tempo, se tornariam claras e não excludentes. A igreja local, a universidade e a cidade constituíram-se nestes espaços de atuação que se complementariam, em meio a diversos conflitos e convites para superação de dilemas.

A entrada na Universidade Federal do Maranhão se deu ainda naquele mesmo ano. A atuação ali foi uma experiência profundamente rica e gratificante. A curiosidade e o desconhecimento iniciais diante de um *pastor evangélico carioca na academia* geraram expectativas e desconfianças por parte de alunos e professores. Contudo, logo percebi que a única maneira de superar esta perplexidade e discriminação, além de criar um ambiente de respeito e ser ouvido, seria por meio do profissionalismo e de uma ética verdadeiramente cristã.

A universidade tornou-se não somente um instrumento de sobrevivência, dando-me trabalho e provendo sustento financeiro, mas um contexto de missão através do relacionamento junto a alunos e professores. O meio universitário me apresentava o desafio de integrar a vida profissional e acadêmica ao imperativo da missão. Neste espaço, berço de avivamentos no passado, estudantes evangélicos com dilemas existenciais, espirituais, eclesiásticos e intelectuais tornavam-se também ovelhas.

Claro é que, como todo "bom evangélico", vivi crises e tensões diante da necessidade inevitável de romper com o linguajar padrão e com a visão de mundo, ora retraída, ora ingenuamente triunfalista, do senso comum evangélico. A convivência na academia exigiu ainda mais o trato corajoso e aberto entre a História e a Teologia. A necessária e inevitável releitura das Escrituras afetou diretamente o discurso dentro e fora da vida religiosa, tanto atingindo a igreja quanto marcando os outros envolvimentos na cidade.

Na congregação do bairro do Angelim, a sensibilidade para com esta minha atuação fora dos muros da igreja foi surpreendente e compreensiva. No entanto, foi necessário que a comunidade revisse seu modelo de pastor constituído desde sua fundação. Outro estimado amigo e pastor, Carlos Queiroz, deixou à igreja uma clara mensagem, em maio de 1997: "Liberem-no para a cidade". Os amados irmãos e irmãs aprenderam a ver a igreja como comunidade de adoração, de serviço e de compromisso com os dons e os ministérios distribuídos por Deus a cada um. Este amado rebanho tornou-se, sobretudo, um refúgio pessoal e familiar, lugar de verdadeira relação pastor-ovelha.

A vocação pastoral, outrora compreendida como restrita a um grupo de pessoas reunido em um lugar chamado *templo* e circunscrita a um conjunto de igrejas ligadas a uma tradição comum chamada *denominação*, incorporou novos espaços de atuação. As novas fronteiras inseriram o diálogo com movimentos sociais, políticos e organizações religiosas. Na política, podemos falar do MEP (Movimento Evangélico Progressista) e da CPT (Comissão Pastoral da Terra) e, no meio estudantil, da ABU (Aliança Bíblica Universitária).

Uma das mais ricas experiências foi a de encontrar irmãos e irmãs em Cristo entre os sem-terra do Maranhão e deparar-me com a surpresa deles em ver um pastor celebrando um culto ecumênico junto com padres franciscanos em memória do massacre de Eldorado de Carajás. Ali, a vocação adquiriu ainda mais a noção de uma *sacralidade integral*. O pastoreio incorporou a cidadania em sua vocação e prática. É impossível separar o pastoreio de um rebanho local de sua realidade urbana e social. É impossível ignorar outras ovelhas em potencial que estão à espera de cuidado para além dos limites estreitos que impomos à vida eclesiástica. Os dramas da sociedade moderna nos exigem a prontidão de ir até onde estão os aflitos e exaustos e fazer da rua (isto é, do público) o lugar de ministério.

Pastoreio e cidadania

Em hipótese alguma penso que a igreja deva ser substituída por outras esferas de atuação na sociedade. A comunhão, a celebração, o serviço e a missão são inseparáveis da vida como cidadãos no mundo. Daí a importância de a vocação pastoral ampliar suas fronteiras para as ovelhas que estão em outros apriscos, além dos já estabelecidos

(Jo 10.16). Creio que a dupla cidadania do povo de Deus não nos lança em uma *dicotomia*, ou seja, em realidades separadas e contrárias entre si. Antes, o Reino do qual *já* fazemos parte se firmará na história e no mundo a partir da nossa atuação neles, antecipando os sinais de sua vinda e consumação.

Um dos desafios do pastoreio, hoje, é o de integrar a cidadania à vocação. Para isso, entre outras coisas, precisa conciliar rigor com *versatilidade*. O rigor, com a piedade, o estudo, a ética e o tempo, deve juntar-se à criatividade, à objetividade e à simplicidade de vida. Enfim, resgatar a essência do pastoreio bíblico, que é cuidar de pessoas, tanto no Corpo de Cristo quanto nos espaços da cidade. As estratégias ficam por conta da criatividade acima referida e, sobretudo, da assistência e da capacitação de Deus (Lc 12.11s). A criatividade latina e brasileira dispensa a avidez pela importação de modelos.

A lucidez paulina acerca das esferas demarcadas por Deus para a sua atuação ministerial (2Co 10.13-18) deve inspirar cada um de nós chamados para pastorear *gente*. Junto com esta definição ministerial, a compaixão pelas multidões nunca deve curvar-se ante o pragmatismo de resultados estatísticos, essa idolatria moderna que penetrou na mentalidade dos evangélicos e que nos leva a um espírito de concorrência que não faz parte do Reino de Deus.

Em uma avaliação final e pessoal, ser um pastor-cidadão aponta para a direção e a prática de um ministério relevante e profético. Irmãos e irmãs que são profissionais poderão também viver sua presença na sociedade com a mesma visão. Um ministério que, tal como tantos outros, terá desdobramentos que o tempo e a soberania de Deus determinarão.

O entendimento acerca do conceito de cidadania traz, ao meu ver, profundas implicações à missão da igreja e ao sentido da liderança pastoral. A igreja é um lugar onde se deve formar cidadãos potencialmente cientes de seus direitos e deveres políticos e sociais. Todos seriam missionários na *pólis*, na cidade. O sentido da cidadania precisa ser trazido para dentro da teologia que temos acerca do Reino de Deus. Mas este debate fica para outro espaço de conversa!

Em resumo, eu apontaria caminhos para um estilo de liderança atual e bíblico:

1. o trabalho em equipe e a renúncia ao personalismo,

2. o reconhecimento da diversidade dos dons sem o pragmatismo utilitarista,

3. o respeito e a tolerância com as diferenças unidos ao compromisso com a unidade,

4. o diálogo e o envolvimento com as questões sociais,

5. a postura crítica diante do modelo empresarial vigente e, por fim,

6. a releitura do papel que a estrutura denominacional deve ter no exercício da totalidade do ministério da igreja.

Sem nunca, porém, nos esquecermos da compaixão que se expressa no cuidado às ovelhas a nós confiadas, dentro e fora do mundo eclesiástico (Jo 21.15-17).

E a família do líder, como fica?

Carlos "Catito" Grzybowski e Dagmar Fuchs Grzybowski

QUANDO PENSAMOS NAS VÁRIAS FACES que envolvem um modelo de liderança cristã, não podemos deixar de refletir sobre o contexto relacional mais próximo na vida do líder, que é a sua família. Naturalmente, quando pensamos na relação do líder cristão com sua família, imediatamente nos lembramos do texto bíblico que instrui que o líder: ... *governe bem a própria casa, criando os filhos sob disciplina, com todo o respeito (pois, se alguém não sabe governar a própria casa, como cuidará da igreja de Deus?)* (1Tm 3.4s). Neste artigo queremos nos debruçar sobre o que significa "governar bem a própria família", buscando um entendimento tanto teológico quanto psicológico do assunto.

O mito do líder infalível

Um dos primeiros equívocos que podem ocorrer na interpretação deste texto é o entendimento de que *bom governo* é sinônimo de

172   *Nova liderança*

infalibilidade. Esse erro, muito comum entre cristãos, impõe sobre o líder e sobre sua família um peso de responsabilidade que, ao longo do tempo, vai minando as forças, a espontaneidade e vai comprometendo toda a dinâmica familiar. Existe uma "circularidade perversa" que se retroalimenta continuamente entre líder e liderados neste quesito, ou seja, muitas vezes a comunidade cria a expectativa da infalibilidade na família do líder e este corresponde a tal expectativa impondo a ele e aos seus familiares exigências difíceis de serem cumpridas. Se, por um lado, o grupo cria certas expectativas de "perfeição", evocadas como sinônimo de "espiritualidade", impondo-as sobre o líder como atributo imprescindível para o exercício da liderança, por outro lado o líder incrementa as fantasias comunitárias com um discurso de infalibilidade e uma máscara social erigida para esconder suas inseguranças.

Não poucas vezes os filhos de líderes, em meio a esse jogo de imagem, são impedidos de manifestar a espontaneidade infantil no seio da comunidade, pois esta poderia ser confundida com falta de limites ou traquinagem – e isso seria entendido como sendo contrário à ideia de *governar bem a própria casa*.

É imperativo, portanto, que se rompa este círculo perverso e retroalimentativo de infalibilidade do líder e que ambos, tanto o líder quanto a comunidade, compreendam que, muito mais importantes do que a infalibilidade, são a coerência e a transparência. Líderes infalíveis são míticos e os liderados podem até venerá-los, mas jamais se identificam com eles e não seguem seus ensinamentos ou modelo porque jamais se julgam capazes para tal. Ao contrário, líderes coerentes e que reconhecem suas limitações e imperfeições, tornam-se modelos mais fáceis de ser seguidos e com quem é possível se identificar.

A infalibilidade é uma máscara social frequentemente utilizada para encobrir a insegurança, afinal, os liderados jamais esperam que seu líder seja ou demonstre insegurança. Essa fantasia, todavia, é incoerente com a própria vida, pois esta continuamente zomba de nossas pseudosseguranças. Quando menos esperamos, somos assaltados por eventos que nos sacodem e desestabilizam: mortes, doenças, crise econômica, violência social, etc. Ao vivenciarmos essas diferentes situações vamos descobrindo, de maneira efetiva, porque Jesus afirmou categoricamente que neste mundo teríamos aflições (Jo 16.33) e que o sofrimento é parte natural do viver humano.

Diante das incertezas da vida e da insegurança e ansiedade por ela geradas, podemos ter três atitudes básicas:

1. fixarmo-nos nessas inseguranças e deixarmos a ansiedade nos dominar a ponto de apresentarmos os mais diversos sintomas emocionais e/ou somáticos;

2. negar a insegurança e o sofrimento, lançando mão de fantasias de controle e máscaras sociais de inatingibilidade, o que gera facilmente a arrogância e o isolamento social; ou

3. aceitar que somos *frágeis vasos de barro* porém cuidados por um Pai de amor que o faz de maneira mais intensa do que com um pardal (Mt 6.25-34).

Unidade relacional

Um segundo equívoco na interpretação do significado de *governar bem a própria casa* é a ideia de que bom governo se traduz em autoritarismo. A construção histórica de nossa sociedade, perpassada por dominação, subjugação violenta do semelhante, exploração insaciável dos recursos da natureza, caudilhismo, controle militar e contínua relação objetal entre os pares, nos leva facilmente a confundir liderança com dominação e autoritarismo e isso, normalmente, se reverte nas relações familiares.

Nas inúmeras palestras que fazemos em todo o território nacional, minha esposa e eu percebemos a enorme dificuldade que as pessoas têm de pensar sob a inspiração da Trindade de Deus. O pensamento grego, que é dicotômico, pensa em termos de polos – isso ou aquilo – e, quando reforçado pelo pensamento causal cartesiano – causa e efeito –, impede que as pessoas entendam a essência do pensamento hebraico-cristão que fala em unidade de unidades. Ou seja, onde a realidade do "uno" e do "múltiplo" existem simultaneamente e os *dois* serão *uma* só carne. Como pensar, por exemplo, na própria essência do Deus trino (Jo 17.21) se não pensarmos em termos de unidade de unidades? De igual forma o casamento é a representação desse modelo na dimensão humana (Gn 2.24) e descrito como um "mistério" por Paulo (Ef 5.32). A dificuldade de perceber o casal como uma unidade de liderança funcional facilmente leva à hierarquização relacional e ao modelo histórico de dominação e autoritarismo!

Desta maneira, buscam-se "justificativas bíblicas" para afirmar a hierarquização relacional entre marido e esposa, sendo atribuído ao primeiro o papel de comando autoritário e à segunda o papel de passiva conformidade. Esse modelo, muito presente na sociedade brasileira, jamais leva em conta duas importantes vertentes do modelo cristão: em primeiro lugar o ensinamento da liderança do serviço (Jo 13.13-15; Mt 20.25-28) e, em segundo, o princípio de mutualidade nos relacionamentos, algo presente em todo o Novo Testamento, expresso como "uns aos outros" e presente, inclusive, no princípio de submissão ou da sujeição (Ef 5.21). A partir dessas vertentes, a compreensão do relacionamento conjugal passa a ser de uma unidade relacional, composta de marido e esposa. Esta unidade tem um papel de coliderança do núcleo familiar e sempre se estrutura como uma coliderança de serviço, e jamais como exercício de autoritarismo unilateral.

Naturalmente, para o exercício desta coliderança se faz imperativo um diálogo profícuo e contínuo entre o casal, e isso demanda tempo, reorganização de prioridades, bem com a priorização da convivência familiar sobre o serviço eclesiástico, o que nunca se encontra com facilidade. Por um lado, porque as comunidades valorizam mais o ativismo do líder do que a qualidade familiar do mesmo e, por outro, porque o ativismo tem maior visibilidade social e, por conseguinte, alimenta a vaidade e o ego!

Mais do que boas intenções

Dentro de uma perspectiva "psicoteológica", poderíamos levantar algumas hipóteses sobre o significado de *governar bem a própria casa*, especialmente quando se ocupam postos de liderança diante da comunidade cristã. Em primeiro lugar é necessário que o líder tenha mais do que "boas intenções" para com seus filhos. É preciso que estas intenções se traduzam em ações concretas que ajudem no crescimento integral dos mesmos.

Muitas vezes as ocupações excessivas fora do lar, muita demanda de trabalho, ainda que no exercício de atividades em prol da comunidade, solapam o tempo de convivência com os filhos. Este tempo é imprescindível para gerar intimidade relacional, e quando não há intimidade relacional, as melhores intenções não se transformam em projetos de vida saudáveis que abençoem toda a casa. É necessário reservar tempo para a família, inclusive para brincar com os filhos e divertir-se com todos.

Em muitas famílias que acompanhamos em aconselhamento, quando questionamos o que a família faz junto para se divertir, as respostas são ralas e/ou simplistas, como: "ir dar uma volta no shopping" ou "assistir televisão juntos". Há filhos que têm "tudo" do bom e do melhor: uma boa casa, boa educação, boas atividades extracurriculares, até bons pregadores em casa, no caso de filhos de pastores, só não têm pais. E os filhos carecem de um pai que tire tempo para ouvir as suas "bobagens", uma mãe que se sente para jogar joguinhos infantis com eles, pais que se preocupem mais com o bem-estar emocional do que com o bem-estar material de seus filhos.

Uma das características de nossa época é traduzir a ideia de sucesso em termos quantitativos, pois no mundo corporativo da ideologia do capital, o que importa realmente são os resultados de crescimento em termos numéricos. Assim, o líder bem-sucedido é aquele que faz seu negócio "prosperar" e, no caso dos líderes cristãos, prosperar significa aumentar sua comunidade numericamente. Atingir certos patamares de "sucesso", no mundo corporativo, pressupõe eleger algumas tarefas fundamentais como prioritárias e terceirizar aquelas consideradas de menor importância. Não é diferente para o líder cristão que também adota o discurso "corporativo", ainda que em linguagem religiosa ou mesmo espiritual. Então ele seleciona as atividades e considera essenciais para ele e delega as que julga menos vitais para seus objetivos. Infelizmente um grande número de pessoas, e entre estes, muitos líderes, acabam colocando a vida familiar nesta categoria de "menos vitais".

Vemos pais terceirizando a educação de seus filhos para a escola e depois, horrorizados, percebem que os filhos adotaram antivalores do Evangelho para suas vidas. Esses pais não entendem por que os filhos adotam padrões disfuncionais de sexualidade, por exemplo, usando o outro como objeto para fins egoístas de autossatisfação – qualificado como "ficar" –, e culpam a escola, os colegas, a mídia ou a própria igreja, mas são incapazes de fazer a autocrítica por meio da qual perceberiam que transferiram uma responsabilidade intransferível: passar e modelar valores de vida a seus filhos. Da mesma maneira, em muitos casos, transferem para a escola dominical a responsabilidade de cuidar da alma de seus filhos e deixam de reservar um tempo precioso para convivência e intimidade relacional na qual possam transmitir aos filhos que a vida, apesar de ser difícil, é boa de ser vivida e que o Evangelho nunca deixa de ser uma boa nova. Um modelo de líder "corporativo" assim, pode alcançar até muito "sucesso" dentro do padrão de avaliação que o modelo propõe, mas a probabilidade de seus filhos não serem contados em suas estatísticas de sucesso é grande.

Temos sempre que nos recordar de que quantidade não é sinônimo de qualidade e que os modelos de sucesso da sociedade corporativa raramente se enquadram nos estreitos caminhos da liderança cristã. Assim, se o exercício da liderança tem solapado o tempo de convivência familiar, pois as demandas de crescimento numérico são devoradoras de tempo de qualidade, reavalie se este modelo de sucesso vale realmente as "perdas secundárias", usando o jargão utilizado no meio corporativo, que este modelo causa.

Transmitir valores

Cuidar bem da própria casa é transmitir valores de vida aos filhos, transmissão esta que não se dá mediante o mero discurso moral, mas na convivência informal, na qual os filhos observam os pais, suas ações e reações diante da imprevisibilidade da vida e adotam as condutas dos mesmos porque percebem nelas algo bom e que vale a pena ser imitado. Estas não são condutas infalíveis, mas humanas e sempre acompanhadas de sincero arrependimento em caso de falhas e equívocos.

Tristemente minha esposa e eu ouvimos, com relativa frequência, em situações de aconselhamento, filhos afirmando que odeiam os pais e odeiam a si mesmos quando se percebem tendo condutas semelhantes às dos pais. O que percebemos em tais afirmações é que estes pais nunca conseguiram gerar uma intimidade relacional com os filhos, nem estabeleceram a vivência de um relacionamento franco, transparente, no qual a verdade se soma a uma prática de amor genuíno.

Confrontar erros

Governar bem a própria casa também implica no confronto dos erros dos filhos. Na sociedade do "proibido proibir", a falta de convivência geradora de intimidade relacional com os filhos, facilmente leva ao exercício do "amor fácil". Nesta prática, os pais têm receio de confrontar os filhos quando estes erram, e procuram resolver as situações conflitantes do convívio familiar "deixando pra lá" ou "colocando panos quentes". Equivocam-se esses pais ao acreditarem que tais atitudes despertarão o respeito e a admiração dos filhos. Filhos não querem amor fácil, querem ser orientados quando falham, ser confrontados com a verdade e ser genuinamente perdoados quando se arrependem. Assim, sabem que, mesmo humanos e falíveis, podem ser repreendidos e até punidos, mas continuam sendo incondicionalmente amados. Crescer em um ambiente no qual um modelo assim é praticado os leva a uma pequena compreensão da dimensão do amor de Deus por nós e isso os marcará por toda a vida. Verdadeiros líderes fazem do ambiente familiar um espaço de experimentação do real significado do amor incondicional.

Sistema familiar

Um princípio fundamental dos sistemas é que os mesmos estão organizados hierarquicamente, com um sistema maior exercendo influência sobre um menor. Por exemplo: o sistema solar é maior do que o planeta Terra, assim, se o sol se apagasse, todo o sistema do planeta Terra entraria em colapso.

As hierarquias também são imprescindíveis para o bom funcionamento familiar. Para os terapeutas familiares que pensam sistemicamente, toda hierarquia familiar dentro de uma mesma geração é sinal de desajuste e desequilíbrio. Assim, e como exemplo, a hierarquização entre marido e esposa não tem lugar, pois nenhum dos dois precede ou é maior do que o outro. Entretanto a hierarquização entre gerações, como entre pais e filhos, é sinal de saúde no sistema.

Quando pais abdicam de sua posição hierárquica e fazem do sistema familiar uma grande "democracia", vão colher como resultado a desordem e o caos. Uma dimensão piorada acontece quando as hierarquias são invertidas e os filhos passam a ser "pais dos pais". É espantoso quando aqueles que exercem papéis de liderança no meio cristão não conseguem exercê-la em sua própria casa, colocando, direta ou indiretamente, os filhos no papel de comando da família. Assim, estas famílias passam a orbitar em torno dos insaciáveis e imperiosos desejos dos filhos, gerando um sofrimento intrafamiliar desnecessário. Sendo incapazes de dizer "não" aos filhos, estes pais, que são vozes de comando em outros contextos, tornam-se reféns de seus pequenos déspotas caseiros. E estes se sentem tanto mais inseguros quanto mais seus pais são permissivos e extravasam tal insegurança em mais despotismo, em um triste círculo de crescente retroalimentação.

Os filhos precisam perceber hierarquias claras em suas famílias para que se sintam seguros sobre quem eles devem seguir e qual o seu papel de filhos na família. Eles precisam saber quem toma as principais decisões e por que elas são tomadas. Eles também precisam saber sobre quem recaem as principais responsabilidades pela vida e pelo harmônico funcionamento familiar. Quando as hierarquias estão invertidas dentro da família, os filhos sentem-se inseguros e inaptos para assumir seu papel na vida, evidenciando isso em forma de crescentes e supérfluas demandas. A cena de filhos gritando com os pais, mandando-os calar a boca, insultando-os com palavras torpes ou exigindo que seus caprichos sejam atendidos tem sido algo crescente em nossa sociedade e mesmo dentro de famílias de líderes cristãos. Governar bem a própria casa é evidenciar hierarquias saudáveis que cooperem para o crescimento dos filhos em clima de harmonia e segurança.

Cuidado com as reações emocionais

Governar bem a própria casa significa também cuidar com meras reações emocionais às falhas dos filhos. Filhos detestam pais emocionais que se utilizam de gritos e tapas diante de um conflito relacional, e não agem com racionalidade e princípios de justiça diante de tais situações. Às vezes, e até com alguma facilidade, filhos são capazes de "tirar os pais do sério", quando insistem em condutas reprováveis ou na transgressão de limites que foram claramente estabelecidos pelos pais. Isso pode levar os pais a deixarem de lado o exercício da razão, passando a reagir apenas emocionalmente diante de tais situações.

Governar bem a própria casa, nesse caso, significa aprender a controlar as reações meramente emocionais e esperar até as emoções se reorganizarem para resolver a situação conflitiva. Ou delegar a solução para o cônjuge, geralmente mais distante emocionalmente do conflito, e com mais habilidades naquele momento de exercer juízos mais ponderados e justos.

O mais importante!

Governar bem a própria casa é também cuidar do relacionamento conjugal. Certa ocasião nós fomos procurados pela esposa de um pastor cuja igreja tinha cinco mil membros na sede e quase o mesmo tanto nas diversas congregações. A queixa dela é que o marido acreditava que precisava atender a todas as solicitações de todos os trabalhos e, assim, nunca podia estar em casa e, por vezes, nem na madrugada. Na verdade, ela veio buscar alguém para poder conversar, uma vez que não podia falar com os irmãos da igreja sobre o assunto, pois era acusava de "difamar o santo do Senhor"! Essa mulher já havia decidido em seu coração que não iria viver mais com aquele homem e iria embora do país para, dito literalmente, "nunca mais ver a cara dele". Infelizmente ela fez exatamente isso.

Líderes precisam estar conscientes de que os cônjuges devem ser a prioridade na sua vida, e não o trabalho, seja este "secular" ou "eclesial".

Priorizar o outro significa estar atento à necessidade do cônjuge e não permitir que outras coisas vão assumindo o espaço de dedicação que se deve a ele. A rotina e a descoberta de que o outro não corresponde a todas as minhas fantasiosas projeções sobre ele são fatores que vão gerando distanciamento entre o casal e levando o relacionamento a frustrações e, às vezes, a rupturas.

Isso ocorre, muitas vezes, quando, no início do relacionamento, acreditam que o outro é a "metade de sua laranja", ou sua "alma gêmea" e, na medida em que o tempo passa, vão verificando o quão diferentes são na maneira de perceber o mundo. Na maioria das vezes, tal percepção gera distanciamento e não proximidade entre o casal. Assim iniciam um esforço para mudar o outro e esperam que o outro se amolde ao seu estilo de viver e perceber a realidade, mas isso não ocorre.

Fantasiamos que podemos mudar o outro e transformá-lo "à minha imagem e semelhança", mas isso tudo é um grande engano, e um sistema de queixas se instala no relacionamento sob a ilusão, sempre presente, de que tudo seria mais fácil se o outro mudasse.

O grande desafio de um relacionamento conjugal é sempre a busca da CRIATIVIDADE! Como gerar harmonia a partir de duas pessoas únicas e singulares e fugir da fantasia de que podemos mudar o outro, o que nunca é uma tarefa nossa, mas do Espírito Santo? O que podemos e devemos fazer é incrementar o diálogo na busca de acordos que sejam bons para ambos. Um diálogo de escuta aberta e tranquila e não um diálogo "armado" onde não se permite sequer que o outro complete sua ideia e fale tudo o que precisa falar para que então haja uma resposta.

Este será um diálogo que não buscará convencer o outro de que se está certo, mas se perguntará porque a outra pessoa, amada, inteligente, capaz e com tantas qualidades, percebe uma determinada situação de maneira tão diferente da minha? E assim ampliará a própria percepção da realidade e, por conseguinte, reconhecerá que é sempre mais rico ter mais de uma perspectiva sobre um assunto e terá a sua própria vida enriquecida.

É fundamental compreender que o outro não é, não pode e não deve ser, conforme a minha imagem. Pelo contrário, perceber a diferença e a singularidade no outro é descobrir a multiforme beleza da criatividade do Deus Pai. Ele é infinitamente maior do que nossas limitadas capacidades de conceber a realidade, e esta se expressa na multiplicidade de ricas diferenças em suas criaturas. Somos todos diferentes e todos criados à imagem e semelhança de Deus.

Para governar bem sua própria casa o líder precisa desenvolver uma profunda intimidade relacional com seu cônjuge e, na busca da intimidade relacional, o casal precisa dar-se a conhecer um ao outro, o que não é um processo fácil. Em primeiro lugar porque tememos

E a família do líder, como fica?

a rejeição. Tememos que o outro nos abandone se descobrir quem realmente somos, no mais íntimo de nosso ser e perceba todo nosso egocentrismo escondido e nossa vida de aparências. Isso se torna realidade especialmente quando temos o reconhecimento do status de líder, ou seja, alguém digno de ser seguido a até imitado. Só eu mesmo me conheço e sei o quão vil e pecador posso ser algumas vezes – mesmo que só em pensamentos – e isso eu procuro esconder dos demais, incluindo meu cônjuge. Assim, por temermos a rejeição, vamos nos tornando pouco transparentes no nosso relacionamento conjugal e isso vai criando um abismo relacional, às vezes, desembocando em uma separação.

Isso também acontece por termos vergonha. Após a entrada do pecado no mundo, a primeira atitude do ser humano foi cobrir-se com folhas e esconder-se de Deus por ter vergonha! Vergonha de ser visto como falho e fraco. O ser humano havia desobedecido a uma única ordem do Criador. Havia falhado na coisa mais simples que lhe fora proposta e mostrara-se fraco diante da tentação da serpente, cedendo ao seu apelo. Fraqueza e imperfeição são atributos que procuramos sempre esconder dos nossos liderados, de nosso cônjuge e, fantasiosamente, até de Deus. Entretanto se quisermos experimentar toda a profundidade da intimidade relacional e desfrutarmos de uma vida conjugal verdadeiramente prazerosa, precisamos nos arriscar a uma maior abertura e transparência.

Isso exige do casal uma boa comunicação. Aprender a investir tempo falando ao outro quem somos, o que pensamos, como agimos e o que sentimos e simultaneamente aprender a ouvir o mesmo do cônjuge, em uma escuta desarmada e sem críticas. Certamente esse nível de intimidade não se consegue no tempo de namoro ou na noite de núpcias. É um processo de conquista diária, e necessita ser recíproca.

Exige um diálogo no qual os olhares se encontrem e se interpenetrem a ponto de podermos enxergar a alma um do outro. Jovens apaixonados têm a facilidade de dialogar olhando nos olhos, pois se sentem profundamente amados pelo outro e com pouco receio de ser rejeitados por seus pares. Todavia à medida que vão convivendo e cometendo pequenas falhas, passam a ter cada vez mais medo de expor-se, pois não querem se mostrar fracos e sofrer uma rejeição por não terem atendido às expectativas do outro. Assim, quanto mais tempo convivem, menos se permitem ser penetrados pelo olhar do outro e distanciam-se da intimidade. É necessário um resgate do olhar nos olhos durante o diálogo conjugal, pois isso traz proximidade e vínculo.

Nesse contexto o cônjuge torna-se propulsor do amor incondicional, pois sem a presença do outro seríamos incapazes de vivenciar o mistério do amor incondicional: ser amado pelo outro em toda a minha torpeza.

O grande desafio para os líderes é ficarem "nus" diante do cônjuge e não ter vergonha (Gn 2.25): uma transparência de alma, sem nada a esconder, para, então, descobrirmos que somos amados e aceitos pelo que somos – mesmo com nossas falhas e fraquezas – e não pelo que representamos ser.

A família é, então, o espaço prioritário no qual a liderança é desenvolvida e aprimorada. Se nos mostrarmos falhos e incompetentes, à luz do próprio Evangelho, no pequeno núcleo familiar, com certeza falharemos em proporções muito maiores diante de um rebanho maior e causaremos vergonha ao Reino. Por isso é tão importante governar bem a própria casa!

Sobre os autores:

Antônia Leonora van der Meer serviu como missionária por dez anos em Angola e Moçambique em tempos de guerra e governos marxistas (1984 – 1995). Trabalhou com a IFES (Comunidade Internacional de Estudantes Evangélicos) ministrando treinamento teológico, visitando vítimas de guerra em hospitais e atuando como assistente pessoal do secretário geral da Aliança Evangélica de Angola. De volta ao Brasil, trabalhou por quase 17 anos como professora, deã e diretora no Centro Evangélico de Missões (CEM). Hoje está aposentada, vive em Carambeí/PR e, desde sua volta ao Brasil, dedica-se à área de Cuidado Integral do Missionário, sendo uma das fundadoras do CIM AMTB, produzindo textos, ensinando, pregando e mentoreando líderes jovens.

Carlos "Catito" Grzybowski é psicólogo, com mestrado e doutorado em Linguística Aplicada; sócio-diretor do Instituto Phileo de Psicologia; coordenador e professor de cursos de pós-graduação em Terapia Familiar e Aconselhamento Pastoral Familiar da Faculdade Luterana de Teologia; presidente da Associação Brasileira de Assessoramento e Pastoral da Família – EIRENE DO BRASIL; docente convidado do Instituto de Aconselhamento e Terapia do Sentido do Ser (IATES), do Centro Evangélico de Missões (CEM), da UNICESUMAR, Faculdade Teológica Sul Americana e da Faculdade Fidelis; membro pleno do Corpo de Psicólogos e Psiquiatras Cristãos e da Associação Paranaense de Terapia Familiar. É autor de vários livros (alguns em coautoria com a esposa), articulista da Revista Ultimato também junto com a esposa e um dos criadores do personagem infantil Smilinguido. ***Dagmar Fuchs Grzybowski*** é licenciada em Música, tendo atuado vários anos como violoncelista, e psicóloga. Atualmente é sócia no Instituto Phileo de Psicologia e membro do Corpo de Psicólogos e Psiquiatras Cristãos. É coautora de alguns livros e articulista da Revista Ultimato, junto com o esposo. São casados há 35 anos, têm dois filhos e três netos.

Carlos Queiroz é pastor da Igreja de Cristo, em Fortaleza/CE. Foi diretor da World Vision em Angola, diretor da Visão Mundial no Brasil e diretor executivo da Diaconia. "Carlinhos" é casado, tem dois filhos e um neto.

James M. Houston é fundador do Regent College, em Vancouver, Canadá, no qual foi professor de teologia espiritual até sua aposentadoria, e um dos fundadores do C. S. Lewis Institute em Washington/DC. É mentor espiritual, autor de mais de 40 livros e conferencista.

Lyndon de Araújo Santos é pastor da Igreja Evangélica Congregacional de São Luís, Maranhão e Professor do Departamento de História da UFMA, com doutorado em História.

Marisa Drews é psicóloga e pedagoga, atua em psicologia clínica, coaching e mentorship. É membro da Igreja Assembleia de Deus em Curitiba. Casada com Ramires Lopes de Carvalho.

Ricardo Agreste da Silva é o plantador e atual pastor da Comunidade Presbiteriana Chácara Primavera, em Campinas/SP. Sua formação acadêmica inclui a graduação em Teologia, licenciatura em Filosofia e mestrado em Teologia com especialização em Missões Urbanas. É também membro fundador do Projeto Timóteo e diretor do Centro de Treinamento para Plantadores de Igrejas (CTPI). É casado com Sonia há 29 anos, tem cinco filhos e dois netos.

Ricardo Barbosa de Sousa é pastor da Igreja Presbiteriana do Planalto há 35 anos, presidente do Centro Cristão de Estudos (CCE), coordenador do VOCATIO e do Projeto Emaús.

Valdir Steuernagel é pastor na Comunidade do Redentor, da Igreja Evangélica de Confissão Luterana do Brasil – IECLB, em Curitiba/PR; vice-presidente da Visão Mundial; embaixador da Aliança Cristã Evangélica Brasileira e Assessor Executivo Sênior do Movimento de Lausanne. É casado com Silêda Silva, tem quatro filhos e seis netos.

Leia também:

LIDERANDO PELA PREGAÇÃO
Uma visão diferenciada
Johannes Reimer

Há muito tempo ouvem-se queixas de que muitas pregações são tediosas, que a proclamação é ineficiente e que por isso a vida da igreja parece pouco convidativa tanto para as pessoas de dentro quanto as de fora.

Este livro vai em busca das causas dessa situação e oferece soluções. O autor entende a pregação como um acontecimento da comunicação que precisa alcançar certos objetivos se quiser obter determinados resultados. A prática da proclamação só mudará quando a função de liderança da pregação for compreendida. O autor não fica apenas na teoria, mas descreve cinco modelos práticos possíveis por meio das cinco formas de pregação.

ARMADILHA DO PODER
Tiranos na igreja
Martina Kessler / Volker Kessler

O termo "tirano" refere-se a pessoas "viciadas em poder". A maioria das pessoas sente necessidade de ter certa medida de poder. Quem cede continuamente a estes pensamentos e anseios pode tornar-se viciado em poder.

O principal objetivo deste livro é fortalecer os fracos e levantar a "cana quebrada" (Isaías 42.3). Isto inclui reconhecer e definir perigos, e então mostrar formas de lidar bem com eles.

DESENVOLVIMENTO NATURAL DA IGREJA

REALCE AS CORES DO SEU MUNDO COM O DNI
Experimentando tudo o que Deus planejou para sua vida
Christian A. Schwarz

Com o *Desenvolvimento Natural da Igreja*, Christian A. Schwarz apresentou uma abordagem fascinante de crescimento saudável da igreja, com reconhecimento mundial. Agora ele mostra que os princípios bíblicos do DNI são uma bênção para a fé e crescimento espiritual do indivíduo.

AS 3 CORES DA LIDERANÇA
Como qualquer pessoa pode aprender a arte de capacitar outras pessoas
Christian A. Schwarz

AS 3 CORES DOS SEUS DONS
Como cada cristão pode descobrir e desenvolver seus dons espirituais
Christian A. Schwarz

AS 3 CORES DO AMOR
A arte de compartilhar a justiça, a verdade e a graça com outras pessoas
Christian A. Schwarz

AS 3 CORES DA COMUNIDADE
Como as 7 Qualidades Comunitárias de pequenos grupos saudáveis podem ajudar você a superar os 7 Pecados Capitais
Christian A. Schwarz

AS 3 CORES DA SUA ESPIRITUALIDADE
9 estilos espirituais: Como você se conecta com Deus da maneira mais natural?
Christian A. Schwarz

CONFLITOS: OPORTUNIDADE OU PERIGO?
A arte de transformar conflitos em relacionamentos saudáveis
Ernst W. Janzen

Onde dois ou três se reúnem, há um conflito em vista.

Conflitos simplesmente acontecem e estão presentes no trabalho, na família, na igreja e em nossos relacionamentos em geral. Lidar com conflitos de maneira construtiva é algo que pode ser aprendido, com a graça e a misericórdia de Deus.

Existem princípios divinos que podem transformar os nossos relacionamentos e fazer com que sejamos reais pacificadores.

CONFLITOS NA IGREJA
Como sobreviver aos conflitos e desenvolver uma cultura de paz
Ernst W. Janzen

Como ficaria a igreja se todos enfrentassem conflitos como você?

Conflitos trazem revelações sobre nossa fé e nosso caráter: nossa disposição ou negação de sermos o Corpo de Cristo. Creio que a igreja é o lugar que Deus quer utilizar para restaurar vidas e desenvolver uma cultura de paz.

Este livro tem como objetivo despertar uma reflexão sobre a natureza dos conflitos na igreja e apresentar alternativas de resposta.

JOHN STOTT

NOSSO SILÊNCIO CULPADO
A Igreja, o Evangelho e o Mundo

Em uma época em que a missão evangelística da Igreja nunca foi mais urgente, parece que seu empreendimento evangelístico nunca foi mais deficiente ou ineficaz. Quase se pode dizer que a Igreja contemporânea está mais bem equipada para qualquer outra tarefa do que para a sua responsabilidade principal de tornar conhecido o Evangelho de Cristo e ganhar vidas para ele.

Neste clássico da literatura cristã, o autor John Stott lista as quatro maiores causas do "nosso silêncio culpado" a respeito do evangelismo e aponta soluções positivas.

A VERDADE DO EVANGELHO
Um apelo à unidade

Depois de sessenta anos de ministério, John Stott, um dos mais respeitados e influentes líderes da igreja cristã contemporânea, presenteia seus leitores com um testemunho lúcido e cativante que resume aquilo que creu e defendeu a vida inteira: a verdade do Evangelho.

COMO SER CRISTÃO
Um guia prático para a fé cristã

Antes de sair para um passeio de carro ou a pé pelo campo, geralmente é sábio consultar um mapa para se ter clareza quanto ao lugar aonde se pretende ir e o que existe ali para se ver. O mapa do discipulado cristão que tento desenhar inclui três áreas, que chamei de "O começo da vida cristã", "Em que creem os cristãos" e "A conduta do cristão" (como vivem). John Stott - O Autor.

Todos os capítulos são acompanhados de um guia de estudo para uso individual ou em grupo.

Sobre o livro:

Formato: 16 x 23 cm
Tipo e tamanho: Cambria 12/16
Papel: Capa - Cartão 250 g/m2
Miolo - Norbrite Cream 66,6 g/m2
Impressão e acabamento: Imprensa da Fé